U0500134

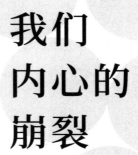

我们内心的崩裂

霍妮谈这个时代的基本焦虑与自我挣扎

张 蔚
著

心理学大师
解读系列

北京联合出版公司
Beijing United Publishing Co.,Ltd.

霍妮本人饱受神经症的折磨，她的人际关系也并不融洽。与人保持疏离是霍妮的一种显著人格特质，她更愿意关注自己的内心世界。那里充满了想象力，也不会被他人伤害。这张照片是霍妮与她的宠物狗布茨基的合照，霍妮对它十分宠爱，这种关系不会让她感到在与人建立关系时会有的威胁。但也正是神经症带来的痛苦成就了霍妮——她勇敢地剖析着自己，力求找到自我的真相，从而创造性地解读了人性。

她强调文化在人格形成中所起的重要作用，认为两性差异更多的是因为对社会角色的学习，并倡导女性应有与男性同等的权利。她认为在健康家庭环境下，个体潜能会得到充分开发，个体会发展成为拥有良好的社会关系的正常人。若个体被基本焦虑困扰，发展过程就会受到内心的不确定感和孤独感的阻障，形成神经症和精神障碍。神经症病人可以通过系统的精神分析治疗和自我分析来获得改善，成为充分发展、完成自我实现的个体。她的这些思想对后世产生了深远的影响。

Contents

目　录

导言　霍妮生平及理论发展

Introduction

童年时期的家庭问题、深度抑郁和神经症倾向，皆使她因祸得福。若非如此，她怎么能发展出她的理论？怎么能深刻地理解人性？

——雷娜特·帕特森（霍妮的小女儿）

卡伦·霍妮（Karen Horney，1885—1952）是第二代精神分析思想家之一，与梅兰妮·克莱因（Melanie Klein）①、安娜·弗洛伊德（Anna Freud）②一起被称为那个时代最伟大的三位女性精神分析学家。她和安娜·弗洛伊德也是早年精神分析运动中仅有的女权主义

---

① 梅兰妮·克莱因（1882—1960），奥地利精神分析学家，儿童精神分析研究的先驱，主要贡献为对儿童精神分析及客体关系理论的发展。
② 安娜·弗洛伊德（1895—1982），儿童精神分析学家，曾担任《儿童精神分析研究》的主编和国际精神分析协会名誉会长，是西格蒙德·弗洛伊德最小的女儿，继承和发展了弗洛伊德后期的自我心理学思想。

思想家。她质疑了弗洛伊德（Sigmund Freud）[①]的理论，提出人格是被个体的社会需要而不是性驱力所驱使，强调文化在其中所起的重要作用。她也反对性别差异源于潜意识冲动的说法，认为两性差异更多的是因为对社会角色的学习，并倡导女性应有与男性同等的权利。她认为在健康家庭环境下，个体潜能会得到充分开发，个体会发展成为拥有良好的社会关系的正常人。若个体被基本焦虑（basic anxiety）困扰，发展过程就会受到内心的不确定感和孤独感的阻碍，形成神经症和精神障碍。神经症病人可以通过系统的精神分析治疗和自我分析来获得改善，成为充分发展、完成自我实现的个体。这些思想对后世产生了深远的影响。

---

① 西格蒙德·弗洛伊德（1856—1939），奥地利精神病医生、心理学家、精神分析学派创始人。他所开创的对潜意识的研究是20世纪人文学科重要的理论支柱。其代表作品有《癔症研究》（*Studies on Hysteria*）、《梦的解析》（*The Interpretation of Dreams*）、《性学三论》（*Three Essays on the Theory of Sexuality*）、《图腾与禁忌》（*Totem and Taboo*）等。

原生家庭

卡伦·霍妮于1885年9月16日出生在德国布兰肯内
兹的一个犹太人家庭，她的父亲全名叫贝恩特·亨里
克·瓦克尔斯·丹尼尔逊，挪威人，钟表匠的儿子，在
远洋轮船上当船长。他与第一任妻子生了四个孩子，妻
子过世时这些孩子都快成年了。然后他遇到了小自己19
岁的克洛蒂尔，大家叫她桑妮。她是有着荷兰和德国血
统的贵族，集智慧和美貌于一身。桑妮的父亲是一位建
筑师。老丹尼尔逊与桑妮结婚后，在他们第一个儿子贝
恩特出生四年后又有了女儿卡伦。

这段在年龄和门第上都有差距的婚姻，很快就出现
了裂痕。老丹尼尔逊宠爱着年轻美丽的桑妮，桑妮却对

此不屑一顾。由于职业的原因，这位父亲很少在家，对孩子的关心也不多。他是一名虔诚的基督徒，要求孩子们也一起信教。卡伦的童年在父亲挥舞《圣经》的阴影下，失去了精神的自由，她觉得他每天早上的祈祷相当愚蠢，觉得他看不起自己，觉得自己在他眼里又丑又笨，长大只配做个家庭主妇。

　　母亲桑妮是家庭的中心，众人的焦点。在卡伦的记忆里，母亲更多地关注哥哥，虽然给两个孩子同样的物质，但是她总感觉在情感上自己是被忽视的。这可能与她出生时父母的婚姻质量有关，卡伦出生在桑妮已经对婚姻生活感到不愉快的时候，是个"不想要的孩子"，而且这种拒绝在卡伦出生前就开始了。

　　母亲和哥哥的关系很好，卡伦和他们站在一起反抗父亲。她想与哥哥亲近，但哥哥也不喜欢她。她的童年生活并不快乐，甚至觉得自己是令人讨厌的孩子。但9岁时，她改变了生活态度，决定用智慧弥补自己在相貌上的不足。12岁的卡伦因为治病而对医生产生了深刻的印象，萌发了当一名医生的决心。

1901年，她在母亲的支持下进入高中，但父亲对她想当医生的想法极力反对。1904年父母离婚后，卡伦和哥哥跟着母亲生活。1906年，她进入弗赖堡大学学习医学，两年后转至哥廷根大学。1910年和1911年，她的父亲和母亲相继去世。

回顾卡伦的童年，虽然并没有发生特别创伤性的事件，但是她的成长环境并不足够温暖、友爱，她在人际关系里更多体验到的是忽视、冷漠和拒绝。首先，她出生在父母关系不好的时期，可以推测母亲看见她时不会有太多积极情绪。其次，这个家是以母亲为中心的，身为男性的父亲和哥哥都关注着母亲，让同为女性的卡伦处在次要位置，她在与母亲的竞争中失败了。最后，在与哥哥的同辈竞争中，她同样失败了，母亲明显地更偏爱哥哥，父亲对她的未来也没有太多期待。在这个家里她是孤独的，如果她坚持做自己，那么便会被孤立。对孤独的恐惧、对情感和被认可的需要让她放弃了反抗，加入父亲和哥哥崇拜母亲的行列中，以母亲为中心旋转，从而与家庭节奏保持着和谐。然而这种和谐是以压抑自己的真实感受、与真实自我疏离为代价的，这也是她抑郁的根源。

走出抑郁

　　由于父亲的缘故，卡伦也曾信仰基督教，但从14岁起她就对宗教产生了怀疑，17岁时，她想"以一种漂亮的、干净的方式分析和解释一切"，这正是精神分析的特征。

　　在学校听说许多同学已经有了性行为，卡伦在进行了认真的思考后，放弃了宗教信仰，但年轻的她仍在内心矛盾中挣扎是遵从本能欲望，还是战胜它。正值青春期的她对爱情充满了向往，幻想与一个伟大的爱人一起体验精神的共鸣，也幻想着性堕落。她这种将爱情分裂成灵魂和肉体两部分的心理，在行为层面的表现便是，在相当长一段时间的亲密关系里，她把两者分别投注在两个爱人身上。卡伦在人际关系中体现了她的强迫性需求，对死亡的渴望也多次出现在她的日记里。她的模式是"理想化—期待—失望—分析"，然后开始下一段关系，这个模式既出现在她与家人的关系里，也更多地体现在她与异性的关系里。

卡伦在18岁时迎来了自己的初恋——在圣诞节假期，她遇到了恩斯特·肖尔奇（Ernst Schorschi），两人快速发生恋情。虽然这段狂风骤雨般的关系仅持续了短短几个月就结束了，但却体现了她人际关系的典型特征。在这次短暂的恋情中，她先是将对方理想化，期待从此生活就能变得美好，但理想破灭后她开始感到抑郁。在经历了情感风暴的洗礼之后，她通过反思去理解整件事件，从中找回心灵的平静，最终对抛弃自己的初恋情人的结论是，他是"遵从本能做事"的人，"不过是个长不大的孩子"[1]。

卡伦的第二位恋人是罗尔夫（Rolf），他比她更抑

---

[1]　Levenson E. Review of K. Homey, The Adolescent Diaries of Karen Horney[J]. New York Times Book Review, 1980, 21: 9, 16.

郁，是她在思想上的导师。他们在情感上是契合的，但精神上的契合更显出性生活的苍白。恋情开始后不久两人就分处两地，卡伦开始与其他人有了性关系。她想在拥有罗尔夫的爱情的同时，在其他人那儿得到"激情"。不能得到卡伦全身心的爱，让罗尔夫伤心地退出了，而因为无法忍受一个人时的情绪低落和无助感，卡伦经常从一个男人跳到另一个男人，同时维持着几段关系，用这些关系来逃离孤独、防御抑郁。

1906年7月，她同时遇到了洛施·路易斯·格罗特（Losch Louis Grote)和奥斯卡·霍妮（Oskar Horney），开始了和他们的三角恋。她同时与两人相处，在三年后嫁给了后者，并生了三个女儿。她将奥斯卡视为知己，对他越来越依赖，但随着与母亲、哥哥的关系越来越紧张，她的抑郁症也发作得越来越频繁。1910年4月，由于抑郁症和性问题的困扰，她开始接受弗洛伊德的嫡传弟子卡尔·亚伯拉罕（Karl Abraham）①的精神分析。奥斯卡对她内心的引导被精神分析和自我分析取代，他们把两人的婚姻关系定义为开放式婚姻。两人在表面上维持着正常的家庭生活，共同抚养三个女儿，一起经历了奥斯卡走向事业巅峰再跌入低谷的人生历程。霍妮在1913年获得医学博士学位，并在接受了四年精神分析训练后，作为一名精神分析医生开始私人执业。1923年，奥斯卡得了脑膜炎，生意也跌入低谷；霍妮的哥哥因肺炎去世。一连串的不顺使霍妮的情绪低落，抑郁症再度发作，甚至萌生过自杀的想法。1926年，她和破产后的奥斯卡离婚。1932年她移民美国，但他们还是朋友，她在奥斯卡需要时给予经济上的援助，直到他1948年去世。

　　霍妮的性生活是她被人诟病的原因之一，这也是她

---

　　①　卡尔·亚伯拉罕（1877—1925），德国精神病学家，在心理性欲发展阶段、性格形成以及精神病理学等方面做出了重要的学术贡献。

神经症的症状之一，除此之外，她还经常感到疲劳和能力受损。她会用内省和分析来探寻自己的内心世界，寻求解决之道，而精神分析是她探索自我的有力工具①。所以，有病又有悟性的霍妮自然而然地走向了精神分析之旅，除了接受卡尔·亚伯拉罕两年多的精神分析治疗，她的自我分析也坚持了40年。她带着自己的症状生活，通过撰写日记、论文和书籍进行自我觉察和自我探索，真实地记录了自己的内心冲突。这是她疗愈自己的方式，也是她的兴趣所在。当人际关系出现状况时，学术和大自然为她提供了庇护。从她后面的成就可知，她抑郁和能力受损方面的问题得到了解决，对异性的强迫性需求也有所缓解。

---

① 帕里斯.伟大的天赋，巨大的缺点[M].崔子涵，译.杭州：浙江大学出版社，2023:81.

迈向成熟

1920—1932年，霍妮一边在柏林的精神分析研究所任教，一边创办了私人诊所。在这段时间里，霍妮对弗洛伊德的俄狄浦斯情结提出了质疑，特别是针对他认为女性都将遭遇阴茎嫉妒（penis envy）[①]的观点，霍妮提出了子宫嫉妒（womb envy）的概念，指出男性普遍对女性在繁衍中的作用感到嫉妒。她对弗洛伊德的性本能理论提出挑战，认为我们是被社会需求而不是性需求所驱使的。她强调女性应获得与男性同样的机会和权利，

---

① 弗洛伊德提出了阴茎嫉妒的观点，认为小女孩看到男性的阴茎后，发现自己没有，会认为自己是不完整的、有缺陷的，详见本书第六章。

并主张男性和女性之间的许多人格差异源于习得的社会角色，并非无意识冲动。她还反驳了弗洛伊德关于人格主要由幼儿时期的经历决定这一观点，认为早期对个体发展产生影响更多的是环境因素，尤其是父母的养育方式。霍妮认为，正常的成长包括社会关系和个人潜能的充分发展；然而，不恰当的养育会带给孩子不确定感和孤独感，她称之为基本焦虑，这种基本焦虑造成了个体的适应问题和精神障碍。

1932年，为了逃避纳粹对犹太人的迫害，霍妮接受弗朗兹·亚历山大（Franz Alexander）①的邀请，移民美国，担任芝加哥精神分析研究所副所长。1934年，霍妮与小她15岁的杰出新精神分析大师弗洛姆②相恋，随后两人迁居纽约，霍妮在纽约精神分析研究所任教。数年

---

①　弗朗兹·亚历山大（1891—1964），美籍匈牙利裔精神分析学家、心身医学专家，被认为是心身医学和精神分析犯罪学的奠基人之一。

②　艾里希·弗洛姆（Erich Fromm，1900—1980），美籍德裔社会心理学家，新精神分析学派的代表人物之一，代表作《爱的艺术》（*The Art of Loving*）等。

后两人分手，这件事对她打击很大。经过深刻的自我分析，霍妮于1942年著成《自我分析》（*Self-Analysis*）。随着与弗洛伊德理论分歧的增大，霍妮与纽约精神分析研究所其他成员的关系也越来越紧张。1941年，纽约精神分析研究所剥夺了她的讲师资格，之后她创建了美国精神分析研究所并担任所长。1952年12月4日，霍妮逝世。

　　这段时间，是霍妮理论走向成熟的时期。到了美国之后，她深感两地文化的差异对人的影响，写下并出版了《我们时代的神经症人格》（*Neurotic Personality of Our Time*，1937年），这本书让她大受欢迎。两年后的《精神分析的新方向》（*New Ways in Psychoanalysis*，1939年）因对经典精神分析的批判而遭到业内的批评，之后她出版了《自我分析》。《我们内心的冲突》（*Our Inner Conflicts*，1945年）和《神经症与人的成长》（*Neurosis and Human Growth*，1950年）全面描述了个体如何防御基本焦虑，她将这种防御分为心理内部和对外的人际关系，并据此将人格分型，这两本书代表着她的理论已经成熟。

与弗洛伊德的"性恶论"不同，霍妮认为人生来具有"既定潜能"的种子。当成长环境是温暖和友善的，这颗种子就像遇到了阳光和雨露，个体会发展出自发性，真实自我会茁壮成长，成为自我实现的人。反之，若生活在无爱、冷漠、侵入、指责的环境中，孩子内心就会充满基本焦虑，为了适应环境更好地生存，个体会把大量的能量放在克服焦虑上。为此，个体疏离了真实自我，建立起自负系统，关注理想自我的实现，发展出三种应对模式——扩张型、自谦型和放弃型，形成神经症人格。

什么是基本焦虑

个体正常的成长包括社会关系和个人潜能的充分发展。然而，这种发展可能会被不确定感和孤独感所阻碍，即基本焦虑。也正是这种基本焦虑造成了个体的适应问题和精神障碍。

影响人格的关键因素

个体早期发展更多受环境因素的影响，尤其是父母的养育方式。

当成长环境是温暖和友善的，个体就会发展出自发性，真实自我会茁壮成长，成为自我实现的人。反之，若生活在无爱、冷漠、侵入、指责的环境中，孩子内心就会充满基本焦虑，为了适应环境更好地生存，个体会把大量的能量放在克服焦虑上。为此，个体疏离了真实自我，建立起自负系统，关注理想自我的实现，发展出三种应对模式——扩张型、自谦型和放弃型，形成神经症人格。

淡出视野

    霍妮的书籍得到读者的喜爱，她的演讲也深受好评。但在她去世之后，她的贡献却被人们忽视了。她之所以不被世人关注，可能有以下一些原因：

    霍妮的女性主义思想在男权社会被打压。作为一位有着自己独立思想的女性，霍妮不惧权威、不畏世俗，忠于自己的临床观察和内心的真实感受，提出的观点挑战了男性的优越感。对于弗洛伊德的追随者来说，这意味着双重的背叛。她击碎了他们对创始者的理想化膜拜，也击碎了他们作为男性生而优越的自负幻想。于是在她去世之后，他们用将她略过的方式进行报复，将她的成就抹去。作为一名女性，霍妮同样走过自卑的心理历程，但她成功地挣脱了女性身份的世俗束缚。她认为男性和女性都在嫉妒对方拥有的、因生理区别自己不具备的功能，并坚持女性应该得到与男性同等的发展权利，而不是阴茎嫉妒理论认为的男尊女卑。男女的差异更多源自文化和人际关系中的后天学习，而不是生物因素。

　　霍妮作为神经症病人未能痊愈的事实，让许多精神分析理论追随者的理想破灭。霍妮最初带着解决自身问题的渴望进入精神分析领域，虽然她坦诚地面对自己，经过了与知名精神分析学家几年的分析工作和"永不停歇的自我分析"[①]，但是她的强迫性行为并没有彻底消失。尽管弗洛伊德早就论述了精神分析的局限性，但世人仍愿意抱着神圣的期待，而霍妮真实的人生事例让他们的希望破灭了。为此，他们愿意忘记这个不够成功的案例，以沉浸在绚丽的梦境里。对真实自我的忠诚和接

---

　　① 帕里斯.伟大的天赋，巨大的缺点[M].崔子涵，译.杭州：浙江大学出版社，2023:5.

纳恰恰是霍妮难得的品质，值得世人学习。和所有的理论一样，精神分析理论也不完美，有着局限性，但它仍是通向自我了解的重要途径。承认其不完美和局限性并不影响其在解释心理过程中的重要作用，反而证实了其还在一个不断发展和完善的过程中。

霍妮的理论与其他精神分析学家相比是简单易懂的，没有过多晦涩的术语，没有建立在古代传说的基础上，也不是婴幼儿期的幻想。她只是从自己和病人的痛苦中洞见了普遍的人性道理，并愿意用平实易懂的语言与众人分享她的发现，不故弄玄虚。听懂的人觉得她不过是讲了一件大家都知道的事情，却没有发现在她之前无人指出过这件事，这是属于她的创造。

许多人诟病她与异性的关系，其中一些违反了精神分析业内对咨访关系的要求。这些认知仍没有走出男性的优越感。在婚姻中，她与丈夫默认了开放性婚姻关系。至于不可与来访者发生多重关系，在那个时期，对此还没有像现在这样的行业禁令。著名心理学家卡尔·荣格（Carl Jung）①也曾与其病人发生过性关系，电影《危险方法》②里就讲述了这段故事。对性关系的强迫性需求是霍妮的神经症症状之一，这种需求伴随了她一生，她对此的坦诚和直白，证明她践行了自己的男女平等原则。

最后，人们对霍妮理论的抗拒源于维持现状的惰性需要。她的理论让人们觉察到自己的神经症问题，证明了神经症是普遍存在的，还提出了"勇于为自己承担责任，通过努力可以完成自我实现，成为更好的自己"的倡议。她就像闯进了一所神经症病人的疗养院。在这里，放弃型的人懒于认识和改变，靠在墙角晒太阳，什么都不想；扩张型的人沉醉在自己的幻想中，以为只要

---

① 卡尔·荣格（1875—1961），瑞士著名心理学家、精神分析学家，被认为是现代心理学的重要莫基人之一，创立了分析心理学。他是西格蒙德·弗洛伊德的学生和合作者，后来由于两人的观点出现分歧而分道扬镳。与弗洛伊德相比，荣格更强调人的精神有崇高的抱负，反对弗洛伊德的自然主义倾向。

② 《危险方法》（*A Dangerous Method*）由大卫·柯南伯格执导，于2011年上映，改编自舞台剧《谈话治疗》。

闭上眼自己就能掌控一切；自谦型的人靠在别人的肩上，想着爱人会为自己带来期待的所有美好。但霍妮扯下大家平和的面具，掀开每个人的伤口，呼吁大家都行动起来，直面自己的痛苦，去迎接更开阔、美好的天空。结果是大家团结起来把她撵了出去，继续重复过去痛苦却熟悉的生活。多数人宁可在宿命论里悲观地重复痛苦的生活，也懒得站起来审视自己的人生、努力做出改变。只有少数人因为过于痛苦或因为各种契机听到了她的话，想要尝试。

再次回归

在1967年，霍妮的弟子整理了她早期的论文，形成《女性心理学》（*Feminine Psychology*）出版。这是霍妮早年探索自己女性身份时写下的，当时却因为她的思想过于超前而未被世人重视。这本书的出版恰逢其时，使她成为心理学和精神病学领域的女权主义思想家之一。[①]

霍妮对女性身份的探索集中在其早期的作品中，从她后来的成就中可以知道，她挣脱了文化对女性身份的束缚，更多地遵从了自己的个性。霍妮从女性主义角度对精神分析的批判，以及其揭露的男性导向文化对女性

---

① 津巴多，约翰逊，麦卡恩.津巴多普通心理学(第8版)[M].傅小兰，等译.北京：人民邮电出版社，2022:464.

精神生活的影响，是当今一些最有力的女性主义著作的起源。①一些学者在书籍中运用霍妮的理论来诠释性别问题，另一些学者将关注点放在文化对两性人格特征的影响上——父权文化会鼓励女性的自卑和依赖，却要求男性发展争强好胜和独立自主的品质。这种要求让男性和女性遵从自己的性别角色被文化赋予的刻板印象，而并非遵从个体自身的天性，同时制约了男性和女性的人格发展。霍妮派分析家亚历山德拉·西蒙兹（Alexandra Symonds）认为，文化对女性的要求是既要取得事业上的成就，又要完成养育的使命，这是对女性的双重剥削。②女性主义心理学家让·贝克·米勒（Jean Baker Miller）、卡罗尔·吉利根（Carol Gilligan）等人认为，文化将女性与照顾他人、自我牺牲、要求归属感等品质联系起来，是在暗示女性的从属地位。

---

　　①　帕里斯.伟大的天赋，巨大的缺点[M].崔子涵，译.杭州：浙江大学出版社，2023:95.
　　②　帕里斯.伟大的天赋，巨大的缺点[M].崔子涵，译.杭州：浙江大学出版社，2023:371.

由于她的思想对文学的影响，后世出现了许多以霍妮理论的视角来解读文学作品的文章，比如用她的人格分型来解析作品中的人物。此外，人们也可以从霍妮理论的视角，通过文学作品分析作者的人格特征，在艺术创作过程中，作者的防御策略往往以各种方式表现出来。他们的作品都是在努力强化自己的主导解决方案，并通过向自己和他人展示在他们内心交战的各种倾向的善恶后果，来解决他们的内心冲突。[1]

———————

在各种精神分析理论中，霍妮的理论与其他精神分析学家的有相似之处，并影响了这些精神分析学家后来的思想发展。比如，她认为的个体产生基本焦虑的时期与爱利克·埃里克森（Erik Erikson）[2]的观点——心

———————

[1]　帕里斯.伟大的天赋，巨大的缺点[M].崔子涵，译.杭州：浙江大学出版社，2023:363.

[2]　爱利克·埃里克森（1902—1994），美国精神病学家、发展心理学家。他提出的社会心理发展理论将心理的发展分为八个阶段，并认为每一阶段都有其相应的特殊矛盾，而矛盾的顺利解决是人格健康发展的前提。

理发展第一阶段的任务是获得信任感——相似；她认为
神经症是童年关系紊乱所致，这与英国独立学派的唐
纳德·温尼科特（Donald Winnicott）[1]、约翰·鲍尔比
（John Bowlby）[2]的观点类似；她的思想间接影响到了
《精神障碍诊断与统计手册》第三版（DSM-3）[3]的修
订。此外，霍妮的理论还有助于心理咨询从业者了解
神经症的表现及其形成的原因，并帮助指导临床的精
神分析工作。她的理论对人本主义心理学的发展有着
重要影响，我们不难看出两者在自我实现部分的重合
性。霍妮提出的对安全的需要，也是亚伯拉罕·马斯洛

---

[1]　唐纳德·温尼科特（1896—1971），英国著名儿科医
生、精神分析师、客体关系理论学家。他提出了以母婴关系为核
心的婴儿关系理论。

[2]　约翰·鲍尔比（1907—1990），英国著名精神分析学
家、儿童精神病学家。他通过研究母爱剥夺对儿童心理发展带来
的不良影响，开创性地提出了依恋理论。

[3]　美国精神病学会于1952年公布了《精神障碍诊断与统计
手册》第一版，该书作为全球广泛使用并认可的精神障碍分类系
统，是诊断精神障碍的有效参考。

（Abraham Maslow）①所说的人类基本需求之一。只是霍妮更多关注病理部分，后者却从积极的方面入手。

对于广大读者而言，我们也可以在阅读霍妮的作品后增加对自己和周围人的理解，看懂自己和他人神经质的需要，理解人类的思考方式和心理运作机制，从而了解共同的人性。由此，我们就能成为更好的自己，也能更好地与他人相处。

个体有克服自身神经症的可能性，当他勇于面对真实的自己，承担起对自己的责任，增强对自我的觉察和了解，对他人怀着相互依存的态度时，他将移除阻碍自发性发展的巨石，重塑自己的人格。为此，霍妮向世人披露了她的亲身经历——系统精神分析和自我分析能带来疗愈。

---

①　亚伯拉罕·马斯洛（1908—1970），美国著名社会心理学家。他提出了人本主义心理学、马斯洛需求层次理论。其中，马斯洛需求层次理论是指，人们天生就渴望实现自我，要实现这一目标必须满足一些基本需求，包括对食物、安全、爱和自尊的需求。

当然，霍妮的理论有着许多不足之处。她的理论基于对自身问题的思考，主要针对神经症人群，有足够的深度，但缺乏宽度。受限于当时的时代，她的思考缺少实证和实验的证明。然而，我们不应因此就否认她的思想给人类带来的启示，在精神分析璀璨的星空中，霍妮自有她闪烁的光芒。

在本书中，我们将从霍妮的成长及其理论的形成背景出发，走近霍妮，通过其对神经症人格的理解，去探寻这种人格形成的内在原因——基本焦虑，并了解个体是如何应对这种情境的——向内是疏离了真实自我，构建出自负系统；向外是发展成强迫性的人际关系模式，由此形成了自己的病理性人格类型。对于这些神经症困扰，霍妮提出用精神分析治疗和自我分析来克服那些成长中的阻碍，从而让自己真正的潜能被发现并发展。通过霍妮的个人经历与思想发展，我们得以深入了解自身难以察觉的神经症人格，更好地认识和接纳自我，脱离时代性焦虑。

第一章　神经症与文化

Chapter One

神经症不仅可以由偶然的个人经验所造成，同时也可以由我们生活在其中的特殊文化环境所造成。

——卡伦·霍妮《我们时代的神经症人格》

什么是神经症

我有神经症吗？家人或朋友有一些奇怪的表现，属于神经症吗？

在日常生活中，我们觉得某人行为异常时，会说他有"神经病"。这里有必要用一些篇幅来了解和区分医学和心理学上对神经症、神经病和精神障碍的描述。神经病（neuropathy）特指周围神经疾病，以往也称神经炎，是一类周围神经系统发生的器质性疾病，比如三叉神经痛、颈椎病、坐骨神经痛。这些疾病需要到医院治疗。

与之不同，精神障碍（psychosis）和神经症（neurosis）均是功能性问题。神经症患者知道自己的问题并感到痛苦，但社会功能较好，多数患者能基本正常地工作和生活。而精神障碍失能较神经症严重，患者发病时丧失自知力，无现实检验能力[①]。比如患有钟情妄想[②]的精神障碍患者认为某位异性喜欢自己，拒不接受自己多次表白均被拒绝的事实，反而把这些拒绝看作对方对自己的考验。

当然，从正常地具有某种人格特质到出现神经症性

---

① 现实检验能力是一种基本的自我功能，可用于区别外在客观世界与内心主观世界，以便精确地判断自我与环境之间的关系。现实检验能力受损的临床表现可以是意识障碍、幻觉、妄想等。

② 钟情妄想是指患者坚信自己被某异性或许多异性钟情，对方的一言一行都是对自己爱的表达。

郝伟，于欣.精神病学[M].北京：人民卫生出版社，2013：14.

表现，再加重成为人格障碍①，甚至发展到精神障碍水平，是一个动态的连续过程。人格特质有许多类型，常见的有焦虑型、自恋型、边缘型、强迫型、表演型、依赖型、回避型等。比如抑郁型人格，平常可能表现为内向、不擅长表达自己，特别是不敢体验和表达自己的愤怒，在拒绝别人时感到很困难，遇事总是习惯替他人考虑②。因为他们习惯把他人的利益或评价放在首位，而忽视了自己的感受。在生活当中经常会碰到一类人，他们非常被动和懦弱，经常让与他们关系紧密的人产生"哀其不幸，怒其不争"的感觉。在与别人相处时，他们经常表现得过度讨好，很少有自己的想法和意见；在被欺负时，他们不能表示抗议或争取自己的利益，也不敢表达自己的攻击与愤怒。一些国家的集体主义文化十

---

　　① 人格障碍是指明显偏离个体文化背景预期的内心体验和行为的持久模式。

　　美国精神医学学会.精神障碍诊断与统计手册（第五版）[M].北京：北京大学出版社，2015:269.

　　② 这种情况在心理学中又称为病理性利他主义，指愿意以自我牺牲的方式放弃自身的需求，去满足他人的期望。

分强调这种服从，特别是对女性，隐忍和为他人着想被看成"美德"，受到鼓励和赞赏，所以许多女性或多或少有这种特质。如果遇到一些事情让他们原来的防御方式不再起作用，或别人把他们的忍让当成软弱而得寸进尺时，这些人就可能出现失眠、早醒、食欲下降（或贪食）、懒惰等抑郁症状，发展成神经症。如果这种打击比较严重，这些人又没有得到任何支持和帮助，病症就有发展成为精神障碍的危险，出现幻觉、妄想等精神病性症状；他们也可能因为害怕抑郁而采用相反的行为来防御，从而表现为躁狂的临床症状[①]。同样，精神障碍通过治疗可以缓解成为神经症，神经症可以恢复到正常水平。神经症与精神障碍只是不同程度的功能性问题，所以，我们每个人都只是暂时处在某个状态而已。

　　现在，我们知道了神经症是一种心理不正常的状

---

　　① 在情绪和情感的"激动—平静"这个维度上，激动和平静两极反映过度兴奋和抑制状态，过度兴奋为躁狂，过度抑制为抑郁。

态，其程度轻于精神障碍，在这种状态下，多数人可以维持正常生活。霍妮对神经症进行了这样的描述："神经症乃是一种由恐惧、由对抗这些恐惧的防御措施、由为了缓和内在冲突而寻求妥协解决的种种努力所导致的心理紊乱。从实际的角度考虑，只有当这种心理紊乱偏离了特定文化中共同的模式时，我们才应该将它叫作神经症……人们关于什么是正常、什么是不正常的概念，不仅因文化的不同而不同，而且随着时间的流逝，在同一文化中也会发生改变。"[①]也就是说，人们在凭经验判断一个人是否正常时，会用文化中公认的行为模式作为标准，把符合的称为正常，不符合的叫作异常。但是，这个公认的标准与一个人所处的文化和阶层有关。在"二战"前的英国，中小资产阶级认同的上班工作的生活模式，却被贵族嗤之以鼻。可见，对此的判断在不同的文化或同一文化的不同时期，或同一时期不同阶级

---

① 霍尼.我们时代的神经症人格[M].冯川，译.南京：译林出版社，2016:14.

的人之间，会有差异。每种文化中，通过家庭和社会的教育，群体成员形成了共同的信念和相近的行为方式，与之相反的行为就会受到指责。比如，在儒家文化的熏陶下，中国人有了对待金钱的共同态度——"君子爱财，取之有道"，不可"唯利是图"。信念一旦形成，在这个文化里会逐渐被加深，慢慢地就被当成"人性"的正常表现了。就像在现代中国，虽然男女平等已经写入宪法，但大众仍习惯性地会因性别不同而对两性有相异的行为要求。比如，女性如果对衣着和打扮十分重视，大家会觉得很正常，甚至会隐约觉得这样的女性是精致的、会生活的；但如果一位男性每天都要敷面膜，大家会推断这位男性过于爱美、不够阳刚。这是由于文化对男性和女性的行为有着不同要求，当个人发现自己的行为与公认的行为之间出现不同时，有神经症或神经症倾向的人更容易感受到内心的冲突，并体验到焦虑。

　　除了能意识到的焦虑和担心外，还有许多人只是发现自己有压抑感、自卑感，出现某种成瘾行为（吸烟、酗酒、网络成瘾、购物狂等）或者性生活紊乱等情况，却完全感受不到自己受到了困扰，即焦虑在潜意识层面。他们会认为自己是正常的，只是有一些躯体反应和小癖好，还不时做焦虑和恐惧的梦。因为焦虑在潜意识层面，所以许多人可能有焦虑而不自知。由于从未感受过放松的状态，他们会根据自己的经验把轻度焦虑定义为正常，把中度、重度焦虑看成有焦虑情绪，就像色盲通过经验补偿而不自知，只有体检时才被发现。感知到自己的躯体症状后，多数人会选择去综合医院的内科就诊，而非心理科。早在2005年，就有学者调查发现，综合医院内科门诊有神经症症状的患者占33.5%。[①]然而，由于综合医院的医生缺乏对精神障碍症状正确的识别与诊断经验，统计的发病率低于实际情况。如果参考一下国外的数据，我们可以对此有更深入的了解。德国2000年的流行病学数据如下：31%的人患有需要治疗的精神

---

① 马丽华，张涛，张彩云，等.综合医院门诊患者神经症研究进展[J].中国健康心理学杂志，2013:21(5).

障碍，24.5%（占其中80%）的人患有神经症性疾病与心身疾病，需要心理治疗；约6.5%（占其中20%）的人患有精神障碍，需要精神科治疗[①]。但很少有人把吸烟、酗酒、网络成瘾、购物狂等行为当成心理异常的表现来重视，我们更愿意相信自己和周围的人是健康的。可见由于大众和医疗界对此的认识不够，各种神经症和精神障碍的数量被低估了，更谈不上被治疗。

面对神经症带来的困扰，我们自然地选择了逃避，虽然这就像受惊的野鸡只顾把头钻进树丛里、屁股还在外面一样无力和愚蠢。逃避焦虑通常有四种方式：把焦虑合理化、否认焦虑、麻醉自己和回避一切可能导致焦虑的情境。前面三种较好理解，第四种是最彻底的方式，指避开任何可能引起焦虑的思想、感受和处境。人们内心知道自己在回避可能导致焦虑的情境，却不知道为什么会这样做，因为那些情境引发的情绪像海啸一样

---

① Alf Gerlach，仇剑崟，Matthias Elzer，等.精神分析性心理治疗[M].北京：人民卫生出版社，2018：311.

强烈，进入意识让人太过痛苦。为了避免再次体验到这种剧痛，他躲开与之相关的一切，连两者之间的相关也忘记了。这就形成了抑制状态[①]，不去感受、不去记得、不去思考、不去做，以避免可能引起的焦虑。性冷淡和阳痿就属于这种抑制状态，癔症型的功能丧失[②]、注意力无法集中、没有自己的意见、不愿与人接触等表现，也属于抑制状态。

存在于我们身上的抑制作用不易被察觉，原因有以下三点。首先，察觉自己的愿望，我们才能意识到自己在这个愿望上的抑制，但抑制太强会阻碍我们觉察自己的愿望和冲动。其次，抑制作用带来的益处，让人不想去觉察它。最后，抑制状态在有些情况下符合了文化的要求。比如，曾有一位有较强攻击性的女性在童年经常

[①] 把会引起焦虑的事物压到潜意识里，与弗洛伊德的压抑相似。

[②] 出现躯体功能性障碍、瘫痪、感觉麻木等，但却找不到器质性的原因。原因是被防御的冲动和自我之间的潜意识妥协。

Alf Gerlach，仇剑崟，Matthias Elzer，等.精神分析性心理治疗[M].北京：人民卫生出版社，2018：316.

欺负自己的弟弟和其他男生，进入青春期后她因为受到社会文化认知的影响，压抑自己外显出来的攻击行为，显现出温柔的样子。不过，这种温柔在她成为母亲后被打破，她会以"妈妈是为了你好"的名头打骂自己的小孩，再次展现出攻击行为。

如何区别神经病、神经症和精神障碍

神经病是指周围神经疾病，以往也称神经炎，是一类周围神经系统发生的器质性疾病。

而精神障碍和神经症均是功能性问题——神经症的患者知道自己的问题并感到痛苦，但社会功能较好，多数患者能基本正常地工作和生活；精神障碍失能较神经症严重，患者发病时丧失自知力，无现实检验能力。

我们需要知道，精神障碍通过治疗可以缓解成为神经症，神经症也可以恢复到正常水平。

霍妮认为，神经症乃是一种由恐惧、由对抗这些恐惧的防御措施、由为了缓和内在冲突而寻求妥协解决的种种努力所导致的心理紊乱。从实际的角度考虑，只有当这种心理紊乱偏离了特定文化中共同的模式时，我们才应该将它叫作神经症。

僵硬的人

神经症病人身上有两个特征：一是某种固执，二是潜能未被充分开发。

神经症病人的固执也可以理解成刻板和僵硬，具体表现为缺乏灵活性。因为他们为了克服焦虑，精心构建了一个系统——内心指令系统，这个系统如此重要，让他们不能根据不同的情境来调整这个系统以做出最合适的行为，任何的调整都会让他们立刻产生焦虑情绪。人格结构良好的人既有自己的道德标准，又能够对具体问题进行具体分析和处理，在两者间找到最适合的解决方法。也就是说，人格结构良好的人在行为处事上具有灵活性和适应性。与之相反，神经症病人刻板的人格特质会在特定的情境下自动地、不断重复地出现。对于病人来说，就算他们知道这些想法和行为是不恰当的，也无法避免。即使他们能够觉察到自己被这种固执困扰，因此想克服或做出改变，但除了引发焦虑的情绪外，神经症病人在行为层面却无力改变它。旁人会觉得他"屡教不改"，其实是因为这种特质已经成为其人格特质的一部分，稳定地存在着。其行为模式和人格特征不能适应周围环境，还会出现自相矛盾的情况，并且病人在情绪和行为上没有稳定的表现。

让我们通过一个强迫型人格的案例来说明这个问题。一个具有强迫型人格特质的人，可以表现为对每件事物都要求做到完美且精确。他这样要求自己，也这样要求别人，导致与他人发生许多冲突，也累垮了自己。作为一家公司的老板，他在定下一个项目的框架后应该让下属来完成工作，自己休息，最后检查是否完成即可，他自己也明确地知道这一点。但因为强迫型人格，他要求下属严格按照他制定的具体步骤来做，并且自己在一旁监督，否则他就会感到痛苦。虽然明知这样的方式影响了下属才能的发挥，自己又十分辛苦，真是费力不讨好，但是他就是无法采取更好的方式。

除了行为上的刻板，患神经症的人往往无法最大限度地发挥自己的天赋，在发展上受到限制。因为他们将自己建设性的能量都用在应对内在的冲突上，而不是投入实现自身潜能中，实在是一个巨大的浪费。

霍妮将神经症病人的困难总结成以下五个方面：

1.给予和获得爱的态度。与正常人相比，神经症病人更渴望得到他人的爱和赞赏。这会导致一种矛盾——对爱有极度的渴望却无法感受到自己有这种渴望，或者对爱有极度渴望却没有给予爱的能力，因此导致了他们的痛苦。这也让他们在情感上把自己置于两难境地——在对他人怀有敌意的同时，渴望得到他人的爱。

2.自体方面。他们的自我评价较低，常常感到自卑。这种自信的缺乏，让他们在许多方面表现出抑制倾向，既不敢表达自己的愿望和感受，也不能坚持自己认为正确的事。多数时候，他们感觉被一种病态的恐惧驱使，无力再去应对其他事情。

3.攻击性。神经症病人在受到攻击时没有能力保护自己，会过多地听从他人而放弃自己的规划。他们不是喜欢攻击、贬低、侵犯他人，就是对攻击过于敏感，总感觉自己被攻击。

4.性欲。可以表现为两种极端，不是对性行为有强迫性的需求，就是对性行为的抑制。前者会采取性迷恋或永不知足的性饥饿形式，为了感到安全或有保障，常常从一段性关系转移到另一段性关系。他们对性对象缺乏选择性，是源于对爱的极度渴求。

5.防御机制。采取刻板的、早期的、原始的防御机制，行为举止等看起来十分幼稚。[1]

---

[1]　霍尼.我们时代的神经症人格[M].冯川，译.南京：译林出版社，2016:19.

　　基于霍妮本人的症状，她对上述表现中的第一个问题进行了深入的讨论。精神分析理论把有无爱、工作和休闲的能力作为心理健康程度的重要指标之一，神经症病人通常都会在这方面有各种程度的问题。健康的爱和病态的爱是不同的，让我们来看看区别：首先，健康的爱是为了获得爱的感受，病态的爱却是为了获得安全感、避开焦虑、掩饰敌意。而且，健康的爱能接受爱的对象是不完美的，并不因为对方的不足而影响两人的关系；病态的爱却会将对方理想化，如果对方不能满足自己，就会贬低对方或想斩断关系。霍妮总结了病态的爱往往会有的四个特征：

　　第一，病态的爱会产生过度的嫉妒。当事人会极度害怕对方的离开，表现为过于黏人，时刻需要知道对方的存在；被想象的背叛折磨，也折磨对方。他在极度恐惧的情绪里无力顾及对方的感受，只急于抓住对方；但即便得到，也不相信，因为他没有被爱过，所以会不可逆转地产生不被爱的感觉，认为没有人会爱他，别人的接近和爱的表达会被看成别有用心。因为他无法真正喜爱别人，所以也不会相信他人会真心喜爱自己。我曾有位来访者是一名全职妈妈，她成天操心着女儿的学习和生活，却无视女儿想独立的愿望，女儿快到初中仍无法分床；她经常以学习为名干扰孩子的活动，在女儿快乐的时候叫她去学习。当然，这位母亲完全意识不到这些行为出于她嫉妒女儿的快乐，因为她自己不曾有过这些快乐。经过几年的咨询，她才愿意承认和女儿睡是她自己的需要，而不是女儿的。她对所有人的态度都一样：一方面怀疑、批评别人，嫉妒别人身上那些自己没有的能力；另一方面又强烈地渴望别人的帮助和支持，希望对方用自己没有的能力来为自己做事。所以，看起来自相矛盾的现象出现在她身上。在咨询的早期阶段，她用各种方式攻击我的专业水平，但又害怕因此被我抛弃，同时也知道自己对咨询的依赖。她从方方面面贬低自己的丈夫，又在日常生活的各种小事上指望着他，并恐惧背叛。

　　第二，病态的爱还表现在对爱的需求的强迫性上，这类人希望被所有人喜欢。正常情况下，我们知道在一个群体里，肯定会有人喜欢我们而另一些人不喜欢我们，但这不会影响我们与他们共事和完成一些活动。持有病态爱的人却想得到所有人的喜欢，否则就觉得自己不会存在，无法感到幸福和安全。他无法享受独处，与他人在一起时又因过度关注自己的表现和他人的感受而不能体验交往的快乐。对爱的需求的强迫性还表现在其对爱的对象不加分辨上，只要出现在他视野里的人，都是他想依附的对象。获得他人的爱是如此重要，以至于他会做出许多牺牲。他在态度上顺从对方，表达不同和批评对他来说十分困难；他也会在感情上极度依赖对方，将自己的快乐寄托在对方身上，因为他需要不断地证明自己是被需要的。这样一来，又必然加深他被抛弃的恐惧，形成恶性循环。

　　第三，病态的爱还表现在贪婪上。吃东西时狼吞虎咽，购物时贪多，做事时急不可耐，都可以看成"口欲期"未被充分满足而固着①的表现。比如，性欲、对金钱和服装的热爱、对权力和名望的追求，以及许多成瘾行为。早期，婴儿需要与主要的养育者建立联系，与之有连接以获得安全感。当求而不得时，他们就只能退而求其次，与某些物品产生连接。有的人因为被打击得太重，内心焦虑过于深刻，从而对任何爱都表示怀疑。他们失去了象征化的能力，退为用实际的愿望来取代对爱的需求，表现为永不知足。

第四，病态的爱的另一种表现为要求得到无条件的爱。首先是对方在任何情况下都要涵容自己的敌意和行为，无论这些行为有多么无理取闹。任何的批评都被看作不再爱自己的证据。其次，神经症病人希望被爱而不必回报，因为自己的无力感而知道不能给予别人爱和温暖。最后，他们希望对方为自己牺牲。神经症病人无法从内心感知别人也有需要，内在的敌意隐藏在对爱的要

---

① 固着是指心理未发展达到成熟水平，停留在之前的性心理发展水平的某一阶段。

求背面，所以他们冷漠无情，不会为他人着想。这种无情不是他们的品德有问题，只是他们深陷于自身的情绪困扰，无力顾及他人的感受。就像一个置身火海或溺水的人，深感死亡的威胁，只想着如何逃脱，哪里还有余力思考对方此刻的情绪需求？当然，以上这些不会出现在他们的意识里，病人巧妙地为自己构建了正当的理由，例如由于生病或者其他原因，需要他人来照顾自己。"另一种掩盖自己这种要求的有力理由是：我知道这种要求是不合理的，但这种性格一旦形成就很难改变；我现在既然意识到它是不合理的，今后就可以慢慢改变。"同时，他们内心的信念是自己"不可能自食其力，自立自强；他所需要的一切都必须由别人来给予；他生活中的一切责任都必须放在他人肩上，而不是放在他自己肩上"。①

---

　　①　霍尼.我们时代的神经症人格[M].冯川，译.南京：译林出版社，2016:103.

　　关于病态的爱的研究，霍妮在《自我分析》中描述了克莱尔的案例[①]。克莱尔觉察到自己强迫性地依赖同伴，当她和自认为很重要的人分离时，会产生强烈的无助感。在20岁离开家时，她感觉自己无法活下去，直到遇到一位长者，给她教导和帮助，她才好起来。但在遇到各种挫折时，克莱尔会再次陷入这种焦虑中。为了逃出焦虑，她会找到一个人发生紧密的连接，把他看成最重要的，没有他一切就都没有意义；而且她会把这种关系理想化，想象他拥有她想要的所有东西，仿佛他就是上帝，自己只需在他面前祈祷就能获得梦想的一切。当然，这种理想化的结果只能是破灭，因为人不是神。理想破灭后，她不会觉得是自己的想法有问题，只会把失

---

　　① 根据霍妮的记录，克莱尔是其治疗了四年半的患者。在没有进行精神分析的某段时间里，克莱尔成功地克服了自己对情人彼得的病态依赖，并将自己从长期以来对理想化人物的强迫性依赖中解脱出来。她将自己的故事提供给了霍妮，允许其出版。但有一种更为可信的猜测是，克莱尔的故事便是霍妮自身的经历。

　　帕里斯.伟大的天赋，巨大的缺点[M].崔子涵，译.杭州：浙江大学出版社，2023:17.

望的原因怪到对方头上，将爱变为敌意。但她不允许自己对他又爱又恨，所以将恨压抑下去，变为弥漫的愤怒（如图1），这些愤怒最终转化成焦虑。我们可以看看人格发展良好的人的一些表现，以对照自己有无在发展上受限。

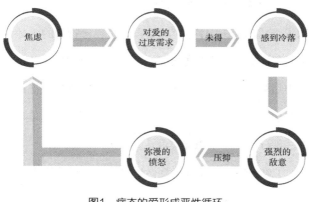

图1　病态的爱形成恶性循环

1.对人有基本的信任和安全感，具有爱的能力。相信大多数人在非利益竞争下是善意的，不会过于嫉妒他人的能力。能够区分自己与他人的感受与想法，既能独处也可以享受亲密。可以在拒绝他人的要求时不伴随强烈的恐惧和内疚，相信对方有能力为自己负责。能够修通[①]父母对自己的影响，并让自己的孩子按照他们喜欢的方式生活。

2.自体方面。发展出独特的真实自我的活力，清楚自己的情感、想法、愿望和兴趣，能够表达自己，带着自发情感与他人交往。[②]感受自己是自己行为的主体，为自己而活，而不是被要求；能够为自己的情感和行为承担后果。看到自己在事件中的贡献，而不只是把责任推给他人。接纳自己的身体，接受不足和疾病都是自己的一部分，而不是掩饰或否认。

3.攻击性。更多地享受做事的过程，而不因失败或成功的结果而过度焦虑。不再害怕自己在竞争中获胜，

---

① 修通是指精神分析中，病人由领悟导致行为、态度和人格结构改变的过程。

② 帕里斯.伟大的天赋，巨大的缺点[M].崔子涵，译.杭州：浙江大学出版社，2023:155.

敢于成为他人的榜样。敢于超越自己的父母[①]，在精神和物质上过得比他们更好。

4.性欲。有清楚的性别身份，接受自己成年的、有性别特征的身体。有性兴奋能力，减少强迫性的性幻想。

5.防御机制。拥有更有弹性、更成熟的防御机制。对自身的冲突和驱力有涵容的能力，能够感受冲突而不伴有强烈的情绪或极速逃离的想法和行为。

神经症病人在潜意识里阻碍了自己的成功和快乐，尽管在意识层面他们非常努力地追求着这些。事实上，我们中的多数人都有不同程度的神经症，虽然没有严重到导致我们无法工作和生活，但是却影响了我们充分发展自己的潜能，让我们失去了本该属于我们的、更美好的人生。

---

　　① 指突破了俄狄浦斯期的冲突，这一冲突表现为不敢比父母更优秀。

　　霍妮在讲述克莱尔的案例时，还曾提及克莱尔在30岁时开始了精神分析，因为她感觉自己轻易就会因工作和生活中的不顺引发疲倦感，并无力应对。询问后发现，她的父亲是一名乡村医生，平时忙于工作，很少和家人在一起；父亲全心全意地爱着妈妈，但妈妈专制又自负，觉得自己值得被尊重，粗暴地对待爸爸。她还有一个哥哥，表面上妈妈给了两个孩子同样的对待——很多礼物、上学的机会，但是妈妈更偏爱哥哥。她经常被忽视，也被妈妈和哥哥建立的亲密关系排斥。在这样的家庭氛围里长大的她缺乏自信，只能认同妈妈，虽然妈妈会公开嘲笑她，她却觉得自己没有足够的理由反驳。在她眼里，与漂亮的妈妈和聪明的哥哥相比，自己就像一只丑小鸭。她坚信自己是个不受人待见的姑娘，认为所有的一切都是自己的过错。她相信了妈妈的了不起，也因自己是这个了不起的女人的女儿而感到自豪。她放弃了自己的感觉，遵从了家人的意志和看法，不再把自己的爱表现出来，甚至慢慢失去了表达愿望的能力。与人相处时，她在潜意识里遵守的标准是称赞而不是批评，为此她宁可放弃自己的才能。因为这种态度，她表现得蠢笨，出现了两种神经症倾向：一是强迫式的谦逊，二是迫切地想超过他人并比他们强大的需求。这些神经症倾向影响了她的工作和亲密关系。工作中，她不敢展现自己的才华；亲密关系中，她不相信自己是值得被爱的。

神经症的特征

霍妮认为神经症主要有两个特征：第一，反应方式上出现某种固执；第二，潜能未被充分开发。

固执具体表现为缺乏灵活性。神经症病人往往无法根据不同的情境来调整自己的内心指令系统，以做出最合适的行为，他们刻板的人格特质会在特定的情境下自动地、不断重复地出现。并且，就算他们知道这些想法和行为是不恰当的也无法避免。

此外，神经症病人往往无法最大限度地发挥自己的天赋，在发展上受到限制。因为他们将自己建设性的能量都用在应对内在的冲突上，而不是投入实现自身潜能上。

神经症的代际传递

形成神经症的原因是什么？要回答这个问题，就不得不回到早年的养育环境——"缺乏真正的温暖和爱……主要原因在于父母自己患有神经症，无法给予孩子所需要的温情"①。也就是说，神经症也存在代际传递，父母没有从自己的原生家庭得到过的温暖和爱，他们也无法给予自己的孩子。哪怕他们在意识层面努力改变，但在潜意识里仍沿袭着从家族中习得的、自己深恶痛绝的方式。

要把温暖和爱体现在日常生活里，父母应该做到情绪较稳定，对子女有着前后一致的要求，能够享受和

---

① 霍妮.我们时代的神经症人格[M].郑世彦，译.上海：上海文化出版社，2021:57.

孩子在一起、互相陪伴的快乐时光，愿意倾听孩子的需要，了解他的愿望，并且对合理的需求给予满足，对不恰当的需求也做出回应，并说明不能满足的缘由。并且，父母可以对孩子进行惩罚，但要公平且不带侮辱性，让孩子明白惩罚的目的是改正行为，而不是伤害他或发泄父母自己的情绪。

患有神经症的父母，由于对自己的情感关系和性关系不满意，常把对爱的需要放在孩子身上，导致在家族系统中，孩子承担了部分不属于他的角色，引起其潜在的心理紊乱。正如克莱尔一样，母亲的自恋、父亲的忽视，让她把自己的创造性压抑了，成为母亲的陪衬。

正常情况下，孩子在2~4岁开始有独立的愿望，不再像之前那样依赖父母。如果父母不能尊重孩子的愿望，将之看成是正常的发展过程来允许和尊重，而是批评、指责和控制，孩子就会压抑自己与父母不同的观点和做法，并因此产生无力感，恐惧、害怕失去爱而无条件妥协。但压抑的结果是焦虑，孩子因此而慢慢形成一种性格态度，霍妮称之为基本焦虑，它是构成神经症的基本因素[①]。这种焦虑伴随着此人的人际交往过程，使之在社交中产生歪曲的认知。也可以将之理解为他在心里形成的一种预期和底色，这些预期让他不是根据实际情况，而是更多地根据已有的经验来做出判断。这种歪曲的认知很难被说服和纠正，且成为此人的一贯态度，成为人格的一部分。我们称之为"性格神经症"，它需要很长的治疗周期才能发生改变。与此相对的是"情境神经症"，它是由某种冲突的实际情境引起，可见于心理健康的人，会随着现实问题的解决而消失。

基本焦虑最初的对象是人，然后可以泛化成其他事物，甚至一些中性的事物也会带来威胁感。比如，开始时病人是对伤害自己的人感到恐惧，后面发展成回避所有的人，甚至是一些与之相关的场所和物品。

在不利环境中长大的孩子对养育者产生了不信任和

---

① 霍妮.我们时代的神经症人格[M].郑世彦，译.上海：上海文化出版社，2021:65.

敌意。这种愤怒在他们内心发酵，但由于生活的现实让他们必须依赖养育者，加之害怕被报复，所以他们不敢表达这种愤怒。此外，文化要求孩子应感恩父母的养育，遵守父母定下的规则，如中国的"孝"文化。这让孩子觉得，违反父母制定的规则或批评他们都是被禁止的，孩子只要感受到对父母的愤怒就会产生内疚，更不用说表达愤怒了。当一个成人跟别人说起自己妈妈做的饭难吃时，通常得到的回答都是："那你是怎么长大的？"意思是你妈妈做饭给你吃，你应该感恩才对，怎么能够挑剔呢？这种批评是不允许的。抗争和表达都不被允许的情况下，孩子只能假装一切都好，但在将这份敌意压抑下来的同时，无力反击感也被放大了。那些敌意只是被压抑了，不但不会消失，反而在头脑里占据了极大的比例，让无力感和愤怒增大，焦虑加重。

　　为了防御基本焦虑，神经症病人常会采取情感隔离的方法，让自己陷入孤独，但又因为无力感而对他人有着过度的依赖。这就形成了一对冲突：一方面，由于内心对自己缺乏信心，不相信自己的力量，病人需要把期望都放在他人身上，想得到照顾和保护；另一方面，由于不能信任任何人，担心他们（哪怕是自己的亲人）对自己怀有敌意或企图，想得到照顾和保护的愿望必然不能实现。如此一来，神经症病人必将消耗大量心理资源在防御上，其发展受限也就自然而然地发生了。

越感到焦虑，就越需要将之防范得更彻底。人们通常采取的应对方式是：爱、顺从、权力和退缩。①获得爱就不会被伤害，顺从他人的愿望就能回避矛盾，这两种方法都可以获得暂时的安全感。此外，还可以借助权力、金钱、成就、智力等赢得安全感。这三种方式都是与世界保持连接——即便以周旋的方式。但也有人从眼前这个可怕的世界退了出来，缩在一个自认为安全的小圈子里，即从生活的世界里脱离，只与少数几个可以信任的人交往，以避免焦虑。

---

①　霍妮.我们时代的神经症人格[M].郑世彦，译.上海：上海文化出版社，2021:70.

第二章　基本焦虑

Chapter Two

基本焦虑本身就是一种神经质现象。它的出现主要是由于当前存在一种冲突：既依赖又抗拒父母。

——卡伦·霍妮《精神分析的新方向》

什么是焦虑

　　在生活中，我们每个人都体验过焦虑，但只有小部分人的焦虑可以被称为"焦虑性神经症"或者可以被诊断为"焦虑障碍"。所以并非有了焦虑情绪就代表着患有心理疾病。焦虑是一种情绪反应，是人在危险情境下自然产生的。恐惧则是个体企图摆脱、逃避某种情境时产生的一种情绪体验，这种体验是由缺乏处理可怕情境的能力所引起的。焦虑和恐惧有相似之处。通常情况下，恐惧的产生有助于我们调集身体的各种能量，以应对环境中的危机。

　　焦虑常伴随生理反应，如心跳加快、呼吸急促、出汗、尿频等非特异性躯体反应。这是我们的身体在采取措施，以处理当下感知的危险。《精神障碍诊断与统计手册》第五版（DSM-5）把焦虑障碍分类为分离焦虑障碍、选择性缄默症、特定恐怖症、社交焦虑障碍（又称社交恐怖症）、惊恐障碍、广泛性焦虑障碍和物质/药物所致的焦虑障碍。

　　霍妮对焦虑有自己的解读，她比较了焦虑和恐惧的区别。首先，与恐惧时我们能够明确地知道情绪的来源不同，许多人虽然能感知到自己的焦虑，却并不明白自己为何焦虑。其次，危险的来源不同。导致焦虑的危险多出自自己的想象，恐惧却来自客观的现实。再则，程度上有差异。焦虑是对现实或想象中的危险做出的过度反应，而恐惧是对现实境况做出的适度反应。最后，造成的感受有区别。焦虑让人体验到孤立无助，正如落入陷阱的小兽；而恐惧可以让人进入应激状态，激发潜能来脱离险境。比如霍妮的一个女患者的故事：某天晚上，这位身为母亲的患者听到隔壁房间有响动，好像是小偷在开门。她吓坏了，焦躁不安、出冷汗、心悸，赶忙跑到大女儿的房间。女儿虽然也感到害怕，但决定去那个房间看看，她一去就把小偷吓跑了。从这个例子可以看出，面对相同的境况，母女两人的反应是不同的：母亲感到无助且她的反应与环境刺激程度不符，展现出的是一种焦虑；女儿却能正常应对，展现出的是一种恐惧。

虽然焦虑和恐惧都是对危险所做的反应，但当危险是外在的、客观的具体事物时，我们感到恐惧；当危险是内隐的、主观的感受时，我们感到的则是焦虑。在感到恐惧时，说服和陪伴都有助于缓解情绪强度，而这些对焦虑却无效。病人在焦虑时，有着强烈的无能为力感，自己又痛恨这种感觉。在理智上，病人知道处境中的因素不至于引起其他人如此强烈的感受，于是他更憎恨自己受到这种非理性力量的控制。但是焦虑一再出现，提醒着我们自己出了问题，这与我们对自己的生活是完美无缺的预设相抵触。所以，多数人都选择通过逃避来应对焦虑。他们把焦虑合理化，否认焦虑的存在，麻醉自己，或者干脆回避一切有可能导致焦虑的事物。当然，这些方法都是治标不治本，只有找到焦虑的真正来源，让病人明白自己的情绪与某种情境的关联，才能解除病人的焦虑情绪。

　　弗洛伊德认为焦虑的原因是本我的欲望把自我淹没了，人们只能通过压抑来维持自我，治疗时只需要把压抑的敌意宣泄出来，焦虑就自然消失了。霍妮却对此提出了不同的意见，认为人们之所以焦虑，是感到威胁后出现的自主反应，而这种威胁感是环境不符合内心已经形成的重要价值所致。这个重要价值是他安全感的来源，也是他的人格结构①，可以理解为他过去使用的、

① 霍尼.精神分析的新方向[M].梅娟，译.南京：译林出版社，2016:152.

并有效对抗了焦虑的防御机制。

　　不同人格类型的人将安全感寄托在不同的倾向上。比如，自恋型人格者的安全感来自被欣赏和被羡慕，不能成为人群中的焦点和中心时，他的焦虑就慢慢袭上心头。所以，他一开口就是直接或间接地表达自己的成就和优秀。而有强迫型人格的人，要求一切都按部就班地在他的掌控中进行，稍有偏差就感到焦虑。边缘型人格的人将安全感寄托在与他人的关系上，他会根据自己的需要将对方理想化，想象对方无比强大且愿意满足自己所有的需求。当对方稍微不能满足时，这种想象出来的美好迅速走向破灭，他无法通过反思认识到，是自己的要求过高，他只会把错误归在对方身上，转为贬低对方并以斩断关系作为应对。可见，神经症倾向也是某些人获得安全感、避开焦虑的方式，具有幻想性和强迫性。

　　世界不会因谁的意志而改变，这句话是人人都知晓的。然而，为了获得内心暂时的平衡，我们会在不同程度上歪曲身边存在的客观事物。每个人的内在世界都是构建在自己的知识和经验上的，本质上是一种对客观世界的镜像，不会与客观世界完全吻合。正常人能意识到这种镜像，并在别人提醒后回到客观状态，修正自己对世界的理解，也有能力尝试使用不同的方法去应对生活中的挑战。而神经症病人会把自己对世界的想象当成事实，并不自觉地重复使用想象，甚至把它当作解决问题的唯一方式。在被人指出问题后，他会感觉痛苦和无助，虽然意识上知道存在其他解决问题的途径，但自己做不到，这就是神经症倾向的幻想性特征。功能损害更严重的精神障碍患者则陷入自己构建的世界里，认为一切都是别人的问题。

我们都生活在自己构建的所谓"安全"的、没有焦虑的世界里，也就是内心暂时处于一种平衡状态。正常人脚踏实地，不断根据环境调整着自己的状态，在受到挫折和打击时即便暂时失去平衡或跌倒，也能较快恢复。神经症病人却像走在钢丝上的人，小心翼翼地维持着平衡，仍极易被环境打击，重新跌入焦虑的深渊，感到疲惫又无助。更严重的精神障碍患者却是生活在飘浮的肥皂泡里。可见，大家都在使用想象，只是程度上有差异而已。

神经症倾向的强迫性是所有心理问题倾向的第二个特征。正常人内心遵守的信条是"我想要"，而神经症病人却在想"为了免于危险，我必须……"，也就是"我不要"。在思考"我想要"的时候，一个人感觉自己是行为的主体，可以为自己的行为承担相应的责任，即"我为我的选择承担责任"。所以，人们会认真接近和深入了解自己真实的愿望是什么，自己有怎样的兴趣和爱好，对周围的人和事产生了怎样的感觉和情感。神经症病人却觉得自己的行为是被他人驱使的，是为了避免焦虑而不得不采取的，所以他关心的是别人的感受，而不是自己的，他也就会离自己的真实愿望、兴趣和情感越来越远。长此以往，他会出现对自己存在感的怀疑："自己是活着的吗？""是为自己而活吗？"正常人在做事和与人交往时，会关注和享受事物的过程，有在"当下"的感觉；当事情进展得不顺利时，他会静下来思考和解决。神经症倾向的人却更多将注意力放在结果上，在意是否达到预想的让他人满意的结果。即便达成预期，他也不会知足，马上有了更高的目标，让人感觉"贪婪"。若达不成预期，他又迅速陷入情绪的低谷，产生强烈的挫败感。

焦虑与恐惧

焦虑是一种情绪反应，是人在危险情境下自然产生的。而恐惧是个体企图摆脱、逃避某种情境时产生的一种情绪体验，是由缺乏处理可怕情境的能力所引起的。两者有相似之处。

在霍妮看来，焦虑是个体感到威胁后出现的自主反应，这种威胁感是环境不符合内心已经形成的重要价值所致。

并且，她认为焦虑与恐惧有以下几点差异：

● 情绪的来源：与恐惧时我们能够明确地知道情绪的来源不同，许多人虽然能感知到自己的焦虑，却并不明白自己为何焦虑；

● 危险的来源：导致焦虑的危险多出自自己的想象，恐惧却来自客观的现实。

● 反应的程度：焦虑是对现实或想象中的危险做出的过度反应，而恐惧是对现实境况做出的适度反应。

● 造成的感受：焦虑让人体验到孤立无助，而恐惧可以让人进入应激状态，激发潜能来脱离险境。

基本焦虑

　　霍妮根据导致焦虑的因素是否有明确的来源，把焦虑分成基本焦虑和显著焦虑。基本焦虑是指对潜在危险的反应，显著焦虑则是对明确的危险做出的反应。"明确的危险"是指客观存在的、并不一定被意识到的危险；能意识到的危险引发的是恐惧。基本焦虑是对他人敌意的预期，我们在这种敌意中感到自己的孤独和无助。基本焦虑和显著焦虑都会被压抑，不出现在我们的意识里，然而却会出现在我们的梦里，或者通过躯体症状和鲁莽的行为体现出来。

　　基本焦虑和显著焦虑的区别，类似性格神经症和情境神经症的区别。基本焦虑如影随形，对人的思想和行为产生着各种影响，却让人意识不到。霍妮曾记录下一个病人的梦境：在梦里，这位病人看见自己是一只小老鼠，因为害怕被人踩到，只能成天躲在洞里。[①]这个梦境恰当地描述了病人对现实生活的真实感受——她的预期是周围都是充满敌意的人，她感到胆怯，为了安全只能选择逃避。然而在现实中，为了不意识到这种假想的敌意，她可能把别人都想成善良可爱的，这是一种防御机制。

　　基本焦虑来源于各种对孩子健康成长不利的因素，这些因素让孩子的内心缺乏安全感，不时出现莫名的恐惧。父母对孩子不恰当的对待，引发了孩子内心对之既依赖又抗拒的冲突，因为必须靠父母生活，孩子只能将敌意压抑下去。有些家长粗暴地对待孩子，觉得要把孩子"一声吼成羊羔状"，也有些养育者自身就经常处于焦虑状态，在这样的养育氛围中长大的孩子就形成了基

---

　　①　霍妮.我们时代的神经症人格[M].郑世彦，译.上海：上海文化出版社，2021:68.

本焦虑，逃离焦虑是他们的首要需求，高于其他一切，必须优先被满足。为此，他们脱离自我、放弃真我，因为他们急于寻找某人或某物来支持自己，让自己远离焦虑。然而，他们不知道让自己感觉绝对安全的人和物根本就不存在，自然而然也无法找到。在现实中没有，他们就只能到幻想中去找，因而孕育出自己的理想形象。这种理想形象是出于自己需要的对完美的期待，形成了他们的理想自我，为此，他们只能把现实中与理想不符的部分扭曲。这样，他们就完成了内心的过程，他们相信自己就是想象中理想的样子。

　　自我理想化是多数神经症病人都会使用的解决自己内心冲突的方法。[①]这种方法让病人的内在需求得以满足，让他从失落、自卑、焦虑甚至精神分裂的痛苦情绪中得到解脱，所以他们发现这种方法后就会坚持使用，形成无意中的强迫。

---

　　① 霍尼.自我的挣扎[M].贾宁，译.南京：译林出版社，2017:8.

—

在霍妮的理论中，自我是一个人的自我意象，受到个人生活经验和文化的
影响，并且可以分为真实自我、理想自我和现实自我。

真实自我，是每个人生长和发展的根源和原始力量，推动着人们去实现自
己的潜能。理想自我，是别人希望的我的样子。现实自我，是个体的当前
现状。如果孩子能够在温暖的氛围中自由表达真实情感和意愿，养育者对
孩子的需要给予善意满足，两者间的意愿冲突是良性的，那么孩子就能基
于现实自我到达真实自我，也部分实现理想自我，形成健康的人格。相
反，孩子则可能生活在基本焦虑中，并防御性地形成神经症人格。

　　在各种不利条件下成长的小孩，他们的心智还无法理解为自己提供必需生存条件的养育者同时也是给他们带来焦虑的人，他们不能整合养育者的好与坏，也无法解释自己内心因此产生的矛盾，所以会利用外化作用以达到内心平衡。外化作用是一种心理运作方式，将内在的过程当成发生在自身之外的事——是外在的因素而非自身因素导致了生活中的各种麻烦。他们幻想出假想敌，与这个假想敌斗争。

　　外化作用有一部分属于投射，就是把存在于自己身上却不被自己接纳的倾向和品质放在他人身上。比如，一个吝啬的人在与人交往时，总是看到别人的吝啬倾向，其实是因为他自己拥有这种品质，但不愿意承认，所以把这种品质放在他人身上。外化作用除了推卸罪责，还会让人把自己的感受也当成是别人的。一个内心懦弱的人很难拒绝商场里销售人员的推销，因为他以己度人，把自己的脆弱和对拒绝的敏感放在了别人身上，认为销售人员和他一样脆弱，难以承受别人的拒绝。

基本焦虑最初涉及的都是与人相关的情境，通常是养育者，但养育者通常又是孩子必须依赖的人，所以孩子会把焦虑情绪置换①到其他相关的事物上，出现害怕某种动物或场景的情况，抑或出现相信某种宿命的情况。在进行精神分析时，双方需要相当一段时间的工作，病人才能透过这些症状的表象，看到隐藏在背后的本质——对人的愤怒。

有人会问，同样的挫折和境遇，为什么多数人能克服和恢复，神经症病人却不能？这与遭受挫折的年龄有关，如果在较成熟的年龄遇到这些不幸的经历，人们可以整合事件，不会对心理造成太大的影响；但如果这些不幸发生时人的年龄太小，凭借自己的经验无法整合，也没有其他人来帮助他进行解读，他就会产生对此完全无能为力的感觉，形成焦虑反应。

———————————————————

① 置换是指把对某人或某事的能引发焦虑的情感，无意识地转移到另外的人或事上。

应对基本焦虑

如何应对基本焦虑？人们对抗基本焦虑的方式有四种：**爱、顺从、权力和退缩**。

获得爱是有力的对抗焦虑的手段，这也是霍妮本人多年来采用的主要方式。这种方法之所以能对抗基本焦虑，源于内在的信念——爱我的人不会伤害我。顺从是指人们在与外界环境发生冲突时，放弃自己的想法，遵从其他人的潜在愿望，尽可能地避免被敌视。而用获得实际的权力来对抗焦虑的人的内在逻辑是：如果我拥有权力，就没有人能够伤害我。

以上三种应对都愿意与世界连接，只有第四种是从现实生活中退出。人们开始脱离他人，不想被他人影响。这种脱离既包括现实生活，也包括情感。他们把自己的物质需要降到最低，更不与他人有情感上的联系，最终表现为对所有的人或事物都毫不在乎，以为这样就不会受到伤害。

这四种应对方式可以单独使用，也可能几种同时使用来让自己从强烈的焦虑中摆脱出来。在同时使用几种互不兼容的应对方式时，内心的冲突也随之出现。最常出现冲突的两种应对方式是对爱的追求和对权力的追求，正如文学作品的两大主题——才子佳人和帝王将相。前文已经讨论过对爱的追求，这里来说一下对权力的追求。

对权力、声望和财富的追求是人们常见的动力，这三者有着相同之处，所以放在一起讨论。对爱的追求是通过与人建立关系来获得安全感，而对权力、声望和财富的追求则是通过对自己位置的坚守来获得安全感，两者的关注点是不同的。一个人通常在追求爱失败后，转向后者作为对抗焦虑的方式。

　　我们还需要将对权力、声望和财富的正常追求和神经症病人的病态追求进行区分：正常追求源于意识到自身力量的优越或使命感，病态追求的来源却是想摆脱自身的焦虑、仇恨和自卑等带来的虚弱感。病态追求受到文化中权力、声望和财富可以带来安全感的观念的影响，也是人们表达潜在敌意的一种方式。直接攻击他人的身体不被允许，但通过象征的方式——在权力、声望和财富上超越对方，却是文明社会推崇的办法。

　　神经症病人在将自己理想化之后，不能够允许自己有丝毫的软弱，哪怕这是所有人都会有的。因为在他看来，自己是"神"，不是人。他要逃避一切与软弱有关的事物，拥有权力可以让他免受被轻视的威胁；他需要对自己和他人都有控制权，他相信自己永远是正确的，所有的人和事都要符合他的愿望，世界应该为他而改变。一旦这些稍有差池，就会让他的自尊受损。对权力的绝对拥有，让他获得了安全感，不再感到软弱，也释放了支配他人的欲望；对名望的追求可以让人摆脱屈辱感，满足侮辱他人的愿望；对财富的追求让人从贫穷中脱离，得到剥削他人的满足感。

这些都是人们在潜意识里为了对抗基本焦虑做出的应对，通常以一个或多个神经症需要来表现。霍妮总结了10种神经症需要：

1.对感情与认同的神经症需求。需要不断在别人的认可里确认自己的存在，为此不惜盲目地讨好、满足别人，把别人的需要看得比自己的更重要，不敢表达自己。

2.对伙伴的需要和对孤独的恐惧。把所有期待都寄托在别人身上，为了依赖别人不惜放弃自身的发展，把自己变弱以依靠别人。总是想得到伙伴的怜悯，依赖对方，极端害怕被抛弃。

3.限制自己的生活和保持低调的需要。压抑自己的欲望和才能，不对生活和他人有期待。

以上这三种神经症倾向经常会结伴出现，共同点都是不依靠自己的力量，不为自己承担责任。

4.对权力和控制他人的需要。喜欢在人际关系里获得控制权，无视他人的尊严和感受，只想对方顺从自己，捧高踩低。害怕失去对事情的控制。为此，强调用理性和策略来掌控一切，痛恨愚蠢，蔑视感情；或者坚信靠意志力可以掌控所有，宁可放弃也不愿忍受事情的不确定性。

5.利用他人的需要。把别人当作为自己谋取利益的工具，不择手段，并对此扬扬自得，同时也担心自己被他人剥削、利用。

6.对名誉和声望的需要。根据名望来评价所有人或物的价值，恐惧"耻辱"和失去社会地位。

7.对赞赏和崇拜的需要。将幻想中夸大的自我形象当成现实，需要大家对这个形象讨好、称赞。

8.对个人成就的需要。想要超越所有人成为最优秀的人，固执地想要获得更大的成就，对失败极度恐惧。

9.对自给自足和独立自主的需要。不想被任何人或事物束缚，用躲避来获得安全感。

10.对完美的需要。希望自己是完美无缺的，并引以为傲，所以担心不能维持这种完美。[①]

以上这些神经症需要可以在一个神经症病人身上看到一个或多个，它们是不同类型的神经症病人在应对基本焦虑时采取的解决方案。这些方案里包括了自我内在的挣扎，并在人际关系上形成了自己特有的处理方式，构成了自己的人格特征。这些人格特征可以分成三大类型——扩张型人格、自谦型人格和放弃型人格，我们将在下一章中详细介绍。

---

①　霍尼.自我分析[M].贾静，译.南京：译林出版社，2016:39-45.

如何应对基本焦虑

　　霍妮根据是否有明确的来源，把焦虑分成基本焦虑和显著焦虑。基本焦虑是指对潜在危险的反应，源于各种对孩子健康成长不利的因素，这些因素让孩子的内心缺乏安全感，不时出现莫名的恐惧；而显著焦虑则是指对明确的危险做出的反应。

个体在对抗基本焦虑时，通常会采用爱、顺从、权力和退缩这四种方式。

　　爱是通过与人建立关系来获得安全感。

　　顺从是指在与外界环境发生冲突时，个体放弃自己的想法，遵从其他人的潜在愿望，尽可能地避免被敌视。

　　而对权力、声望和财富的追求则是个体通过对自己位置的坚守来获得安全感。

　　这三种方式都是通过与世界连接来应对基本焦虑，只有退缩不同。采用这种方式的人选择从现实生活中退出，脱离他人，不想被他人影响。这种脱离既包括现实生活，也包括情感，他们认为这样就不会受到伤害。

第三章　神经症的自我挣扎

Chapter Three

一个人要想真正成长，必须在洞悉自己并坦然接受的同时又有所追求。

——卡伦·霍妮《神经症与人的成长》

神经症病人自我意识的发展

霍妮探讨了人格和自我意识形成的养育环境，她认为，在温暖、照顾和关注的氛围中长大的孩子，有空间和安全感对内在和外在世界进行探索，获得对内部真实自我和外部真实世界的感知，由此形成稳定、独特的人格和自我意识。不同的是，由患神经症的父母带大的孩子，为了获得暂时的安全感，关注点要放在父母的需要上。他必须时刻考虑和照顾养育者的需要，屈从他们定下的扭曲的规则，否则就会被责备；他学到的是对外部世界歪曲的解读，以及按照别人的标准来行事，至于他自己的感受，是不重要的且可以忽略不计的；做真实的自己是不被允许的，他应该成为父母眼中完美的小孩。为此，他远离了自己内心真实的感受，在想象中构建完美的自己，也成为神经症病人。霍妮对神经症病人的自我结构进行分析后，发现他们的共同特征是：自我认识的神经症自负，自我体验为自我憎恨和自我蔑视，最终导致与自我疏离。

　　为了在患神经症的父母提供的环境中生存下来，孩子将自己与父母理想中的孩子形象等同起来，将理想化的形象变成理想自我，因为与真实自我相比，理想自我更能满足他内心的各种需要。这个理想自我是一个孩子面对自己的生存环境，根据当时自己具有的经验，根据特定的需要和自身被赋予的才能，冥思苦想出的解决方案，是他精心设计又历经辛苦才找到的神奇方法。虽然在其他人看来，它是幼稚或极不符合客观实际的，但这个方案曾经是那样完美地将他从痛苦和困扰中解救出来，所以他坚持使用并坚定地捍卫它。

当然，此时他的人生目标就发生了转变，从追求自我实现变成了追求理想自我实现。健康人的自我实现是一个自发的过程，人们会注重追求的过程，也知道这个追求只是生活的一部分，内在与外在不断交互作用；人们也承认人类和自身存在的局限性，愿意探究真实的和深层次的内在。而神经症病人实现理想自我，纯粹是一个内在过程，这占据了他的整个生活；他感觉自己是被迫去做的，否则就不能生存；他只在乎最终结果，也就是表面上看起来的样子；他对人类的局限性置之不理，并且停留在幻想中。

理想自我

　　由患神经症的父母带大的孩子，为了生存将自己与父母理想中的孩子形象等同起来，将理想化的形象变成理想自我。其人生目标也从追求自我实现变成了追求理想自我的实现。

　　神经症病人实现理想自我是迫于生存需求，缺乏自发性。

神经症自负

　　个体远离了自己内心真实的感受，在想象中构建完美的自己，霍妮将神经症病人的这种自我认知称为神经症自负。神经症自负具有虚假性、脆弱性和迫切性的特点。

　　神经症病人生活在自己的虚幻世界里，并通过各种心理防御机制让自己待在这个世界里。这个世界是神经症病人按照自己的需要构建的，他并不理会它真实的样子。就像为了把自己最美丽的一面展现出来，有些人依靠化妆，有些人通过整容，有些人喜欢"P图"，而神经症病人则靠想象。这些方法只要适度使用，并不属于心理问题，但如果每次出门必用四个小时化妆以至于上班迟到，或者整容成瘾，则会影响到日常生活。值得一提的是，化妆、"P图"甚至整容都不可能完全达到理想的样貌，而想象却可以。这些行为共同的本质都是对真实的自己不够接纳。旁人觉得清晰可见的事实，神经症病人却视而不见、置若罔闻，因为他迫切地需要为自己感到骄傲，所以在潜意识里将现实自我粉饰成理想自我，不顾事实地将自身的缺陷曲解，将听不进他人意见看作自己为真理敢于成为少数派的证明，将对孩子的控制冠以爱之名，将对他人的剥削当成自己的聪明能干。

　　神经症病人的脆弱体现在极易受到内部和外部的伤害：在自己没能充分地满足自己的需要时，他感受到羞愧的内部伤害；在别人没有足够地满足他的需要时，他感受到被羞辱的外部伤害。这些羞愧和羞辱又进一步引发了恐惧、焦虑和恐慌的情绪，因为在他的内心有"我如此脆弱"和"我不允许自己有丝毫的脆弱"的冲突。比如，怯场的人内心充满了恐惧，这种情绪有两个来源：一个是害怕自己不能有理想的完美表现，于是他有了自毁倾向，把自己置于尴尬中或是紧张到忘词；另一个是预测自己会被拒绝，为了避免被拒绝的可能性，他干脆放弃整件事情。

神经症自负对神经症病人来说如此重要，导致他在这种自负受损时必须尽快给予修护。为此，常用的两种方法是报复冒犯者和回避。这种报复不是为了得到平等，而是通过将对方伤害得更深来获得胜利。[①]在人际交往中，神经症病人因别人展现的他没有的优势而感到被冒犯，即便对方无意在他面前炫耀，他也感到自己的自负遭遇挫败，为此他必须采取攻击的姿态。在霍妮与弗洛姆的关系里，当后者名气没有她大时，她给予他帮助，邀请他来讲学；但当他的受欢迎程度大增时，她开始攻击他，不允许他给学生上课，明知故问："你有博士学位吗？"我们在日常生活中经常体验到的、不知道什么原因突然被对方攻击的情况，也许正是因为我们在

---

① 霍妮.神经症与人的成长[M].邹一祎，译.北京：台海出版社，2018:91.

无意中损害了对方的神经症自负而遭受的报复。

　　回避也是常见的修护神经症自负的方式。病人会回避那些需要较长周期才能获得回报的活动，如工作、学习、人际交往，转向打游戏、购物、喝酒这样即刻能够得到满足的活动。这些回避行为不仅造成心理能量的无谓消耗并随之产生消极情绪，更糟糕的是，它让人失去了对真实自我的兴趣。因为回避带来的获益，让人把任何在现实生活中遭受的挫折归咎于自己的身体症状，所以他的症状是有意义的。在他理解这些症状的意义并找到更好的方法来替代之前，神经症自负是不会好转的。我曾有一位来访者因失眠前来咨询，她将不能出去工作、人际关系冲突、无法胜任学习等都归因于失眠后的身体疲惫，而且将自己的生活圈子画在一个很小的范围内。咨询一段时间后，她开始承认失眠让她有充分的借口什么都不做，什么都不做就不会失败，这样她就可以继续相信自己是无所不能的，只是身体不好不能去完成，而不是能力不足。也就是说，她不能接受尝试后可能的失败，于是干脆连尝试都放弃了，把自己的生活限定在一个小范围内，从而更容易获得安全感。但是这样做的代价是，我们失去了许多生活的可能性，这种回避行为还会延伸到我们渴望的事物上。

严重的神经症病人表现为全方位的回避，轻一些的神经症则把回避限定在某些方面。如事业或人际关系里只回避某一个，或是在一般人际交往中都表现正常，只避开亲密关系；也可能是回避一些具体的事物，如演讲、做选择、与权威沟通等。

总之，为了理想自我，神经症病人不惜改变对世界的感知，而且他们对自我的感知也是主观的、扭曲的，不是建立在事实的基础上，而是建立在自己内心需求的基础上。

自我憎恨与自我蔑视

　　自我体验是一个人对自己怀有的一种情绪体验，即主体我对客体我的一种态度，也是自我意识在情感方面的表现。它反映了主体我的需要与客体我的现实两者间的关系。如果客体我满足了主体我的要求，人们就会产生积极肯定的自我体验，即自我满足；相反，在客体我没有满足主体我的要求时，人们则会产生消极否定的自我体验，即自我责备。

　　霍妮指出，神经症病人将注意力放在理想自我上，也把其当作衡量现实自我的标尺，用"神"的标准来要求人，结果只能是对自己实际的样子产生憎恨和蔑视。[①]
即便偶尔达到标准，也被视为理所当然，达不到却会立
即遭受批评和责备，可知，负性的自我情绪体验成了神
经症病人的主旋律。

自负和自我憎恨是一个共同体，霍妮称之为自负
系统。这个系统随时同时出现在神经症病人的思想和
行为中，像共用一个心脏的连体人，有两个头和不同
的面孔。一个是与众不同的、理想化的、完美的，另
一个是陌生人（现实自我）。无论理想自我怎样地努
力，都无法摆脱和现实自我连在一起且被它摧毁的命
运。他希望自己在异性面前展现魅力，却表现得手抖、
羞涩、语无伦次；他希望和上司平等、幽默地讲话，
实际却只会傻笑；他想在恋人面前宽容、慷慨、多情，
可总为一点小事就大发雷霆、斤斤计较。理想自我没
办法不恨这个陌生人，所以他对这个人开战了——也就

---

① 霍妮.神经症与人的成长[M].邹一祎，译.北京：台海出版
社，2018:97.

是对自己作战。

霍妮总结了自我憎恨的六种运作模式：无休止的自我要求、无情的自我指责、自我蔑视、自我挫败、自我折磨和自我毁灭。

当需求变成要求，而"应该"没有被满足时，来自自我憎恨的怒火就会喷射出来。[①]"应该"的本质是自我毁灭，因为它剥夺了一个人心灵的自由。想要在行为上做到完美，必须以牺牲自己的自发性和情感信念的真实性为代价。"应该"的自我毁灭性表现在内容上，比如病态依赖的人对自己的要求是，我"应该"为了爱牺牲自己的所有，我爱我的孩子，就"应该"把他需要的一切给他，不应该考虑自己的感受；我"应该"为我的亲戚、朋友承担全部责任，为他们提供钱、住处、饮食，满足他们的各种要求，他们过得不好是我的错。为了这个"应该"，他不惜担当损己利人的角色，残酷地对待

[①] 霍妮.神经症与人的成长[M].邹一祎，译.北京：台海出版社，2018:108.

自己，经常自虐而不自知。如果他人和自己有共同的利益，他会在牺牲自己时，把他人的利益也一起牺牲掉。这种人总体上给人懦弱的感觉，别人提出过分的要求，他也无力表示反对。旁人会奇怪他为什么不为自己的正当利益而战，因为他想反抗"应该"时，马上会产生自我憎恨。

为了缓解自我憎恨，他会利用许多自己的成功经验，而这些能被意识到的成功经验，都是使他免于自我憎恨的特殊方式。比如，行为上，通过暴饮暴食、疯狂购物、喝酒等来缓解焦虑；思维上，通过被动外化将攻击性投射到他人身上而感觉自己是受害者，主动外化地攻击他人。

由于神经症自负的迫切性，他对外界的要求也近乎疯狂。这时，在他面前存在两种选择。一种是不断坚持要求他人或环境做出改变来满足他的需求，配偶要关心他，孩子要服从他，一切都应该是他想要的样子；另一种是认识到自己的要求不过是为了成为海市蜃楼般的理想自我，于是考虑放弃理想自我，靠近真实自我。显而易见，第一条路是走不通的，只有选择第二条路才可能逃出自我的战争。

自我体验

　　自我体验是一个人对自己怀有的一种情绪体验，即主体我对客体我的一种态度，也是自我意识在情感方面的表现。

　　自我体验反映了主体我的需要与客体我的现实两者间的关系。如果客体我满足了主体我的要求，人们就会产生积极肯定的自我体验，即自我满足；相反，在客体我没有满足主体我的要求时，人们则会产生消极否定的自我体验，即自我责备。

霍妮在对神经症病人的自我结构进行分析后发现，自我体验为自我憎恨和自我蔑视，是他们的共同特征之一。

神经症病人的自我冲突

神经症病人内心存在两种冲突，一个是真实自我与自负系统的冲突，另一个是自负系统内部的冲突（如图2）。真实自我与自负系统间的冲突在更深的层次，也会更晚才被意识到，属于核心的内在冲突，是健康的、建设性的力量与神经症的、破坏性的力量之间的冲突。而自负系统内部的冲突是两种强迫性驱力之间的潜在冲突，即扩张型驱力和自谦型驱力之间的冲突。在人际关系出现紊乱时，是选择抗争以让对方屈服，还是服从？扩张型驱力的人会选择前者，自谦型驱力的人却选择了服从以维系关系。

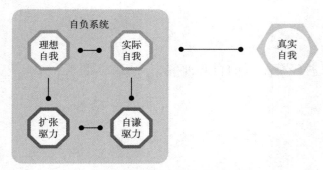

图2　神经症病人的自我冲突

　　真实自我会问自己"我是谁"，理想自我关心的是
"我要成为谁"，而神经症病人对现实自我怒斥道：
"你怎么是这个样子的？"

　　可以看出，神经症病人对真实自我的态度是接纳、
客观和中立的，允许自己是任何可能的样子。而理想自
我是他想象中"神"的样子，完美又高不可攀。最可怜
的是现实自我，在理想自我光环的映衬下，只是一只生
活在阴沟里的灰老鼠。因为现实自我具有人的局限性，
这是理想自我无法容忍的，他想把这只老鼠藏起来，不
幸的是两者密不可分，而且理想自我必须依赖现实自

我，就像灵魂需要依附肉身一样，因此憎恨和蔑视不可避免地滋生，神经症病人恨自己被这副躯壳所束缚。虽然客观上他不得不接受现实自我，但主观上他拒绝为此拉低自己的标准，他要和现实自我划清界线。因此，他与自己疏离，对自己冷酷无情。

认识现实自我后，神经症病人在潜意识里感到讨厌、愤怒、鄙视自己，并想远离这样的自己；在意识层面，他则通过外化作用的防御来处理。外化作用就是把自己内部的矛盾变成自己与外部世界或他人的矛盾，它分为主动外化和被动外化。主动外化是将自我的憎恨指向外部，抱怨生活的不如意、命运的不公平或者将之归为体制的束缚，等等。被动外化仍将憎恨指向自己，但这种憎恨是由外部的人或物施加的。偏执型人格的病人会把自己对别人的敌意转化成别人对他的，如一个因自己没有儿子而感到终身缺憾的男人，看到别人带着儿子出现在他面前，就认为这是别人故意为了伤害他而做的炫耀行为。

　　为了解决神经症自负内部必然存在的内心冲突，神经症病人要想出解决方案，遵循精简化的模式，可以有两种方法。一种是将矛盾驱力的一方永久压抑成为另一个——压抑自谦成为扩张型，或者压抑扩张成为自谦型；另一种是直接放弃对冲突的兴趣。由此，可以根据神经症病人对自负系统冲突的解决方式，将他们分成三种类型：扩张型、自谦型和放弃型。

　　扩张型的神经症病人认同了美化的自我，并把自己的这部分当成了全部。对他们而言，生活的意义在于对生活的掌控，他追求一切能掌控的东西，因此要求自己和周围的一切优秀和优越。因为最能让他产生恐惧的是对事物的无助感，所以他恨在自己身上可能出现的任何一点无助的痕迹。在人际交往中，他要成为控制者，讨厌自己顺从、让步和依赖他人。他最无法忍受的是被愚弄，将之看作最严重的羞辱。这种类型往往是早年得到赞赏但却在严苛要求下长大，或是幼年时被严厉对待所致。

虽然同样强调对事物的掌控感，但这种类型的病人在享受生活和对他人产生积极情感的能力上有所差异，为了消除意识到的"不完美"而采取的措施也不同，提出要求的性质、辩解的理由和坚持的方式各异，因此可以进一步分为三种类型：自恋型、完美主义型和傲慢-报复型。自恋型通过自我赞美和魅力来获得掌控感，完美主义型通过高标准来掌控命运，傲慢-报复型则用报复性的胜利来"征服"生活。

DSM-5对自恋型人格障碍的诊断是这样的：具有自我重要性的夸大感，幻想无限成功、权力、才华、美丽或理想爱情的先占观念，认为自己是"特殊"的和独特的，要求过度的赞美，有一种权力感，在人际关系上剥削他人，缺乏共情，常妒忌他人或认为被妒忌，高傲的行为和态度。霍妮认为，自恋型的人内心与其他人是没有连接的[1]，其他人对他的看法与他自己的不一致或

---

[1] 霍妮.神经症与人的成长[M].邹一祎，译.北京：台海出版社，2018:183.

是他们对他有所期待，都会让他感到被羞辱，从而导致
关系破裂。在工作中，他的过高期待轻易就导致了失
败。这些打击出现时，静候在一边的自我憎恨和自我蔑
视会扑过来把他撕碎，让他陷入抑郁、精神障碍、自杀
等状况。他对生活的感受是现实与理想的巨大鸿沟，一
个自恋型男孩的妈妈愤怒地说："他觉得自己很好，谁
都配不上他，老师不配教他，同学不屑交往，父母也不
配做他的父母！"生活在幻想中的他一进入现实就处处
受挫。

　　完美主义型在DSM-5里的名称是强迫型人格障碍，
表现为：沉湎于细节、规则、条目、次序、组织或日
程以至忽略了活动的要点；表现为妨碍任务完成的完美
主义；过度投入工作或追求绩效，以至于无法顾及娱乐
活动和朋友关系；对道德、伦理或价值观念过度在意、
小心谨慎和缺乏弹性；不情愿丢弃用坏的或无价值的物
品；不情愿将任务托给他人或与他人共同工作，除非他
人能精确地按照自己的方式行事；对自己和他人都采取

吝啬的消费方式，把金钱视作可以囤积起来应对将来灾难的东西；表现为僵化和固执。符合上述表现的四条及以上就可诊断为强迫型人格障碍。这些表现可以简单总结为工作狂、道德狂、积攒狂和固执狂。

傲慢–报复型的人生活的动力是获得报复性的胜利，在人际关系中他有迫切的取得胜利的需要，因而对他人抱有持久的报复态度，会挫败他人的希望和需要。当他抑制或"顺从"时，他会对自己感到不满。他的报复心源于童年极其糟糕的经历——被羞辱、嘲笑、忽视、野蛮地对待等。为了在这样的环境中活下来，他只能放弃对温柔的需要，让自己坚硬化，并想象自己拥有比欺压他的人更美好的未来，那时他就可以实施报复。

这三种扩张类型的人都以获得对生活的掌握为目标，以此来战胜恐惧，得到暂时的安全感。自谦型与扩张型的人正好相反，他们的宗旨是渴望得到帮助、保护和爱，扩张型的人想在自己身上培养的品质是自谦型想要压抑的。自谦型的人让自己的生活弥漫着失败感，他们最大的愿望是拥有"讨人喜欢"的品质。在人际交往中，他们总觉得别人在指责或看不起他，其实这只是他们自身的失败感引发的自我憎恨和自我蔑视以被动外化的方式表现出来而已。这种类型通常早年在某人的阴影笼罩下长大，这个阴影可能是更被喜爱的兄弟姐妹，也可能是极有力量或魅力的父母，这让他们必须以屈从为代价，来换得被喜爱，正如前文提到的克莱尔。自谦型的人会尽力回避自负、胜利和优越感，压抑自以为是、自私和包括雄心和报复心在内的攻击性。他们的攻击都以被动攻击①的形式出现，他们用自己的痛苦来指责别人，但通常这样的攻击是无效的，别人并不理会。他们的信念是爱就是奉献，甚至不惜以牺牲自身为代价。

放弃型的人成为他和他生活的旁观者。他们会避免去看任何自身冲突，没有追求成功的行动，并反感所

---

① 被动攻击：通过被动、受虐或把冲动转向自身，把指向他人的攻击不直接而且无效地表达出来，具体表现形式包括失败、拖延或生病。

有的努力，最擅长的事就是找到不做事的理由。惰性是他们明显的性格特征，他们缺少对自己人生的目标和计划。原因是他们的内心限制了自己的愿望，认为最好的状态就是对任何事都不要怀有期待。他们唯一的愿望是不要被打扰，用现在流行的词就叫作"躺平"。他们满足于现有的贫乏状态，哪怕不够满意，也宁可忍受，拒绝改变，他们对于别人给予的压力、影响或者束缚都高度敏感。他们对生活的要求除了不被打扰外，还有生活要容易、没有痛苦且不需要努力。现今进入低欲望社会的日本，就有许多放弃型的人，他们不婚不育，甚至不谈恋爱。我国的年轻人也开始受到这种思潮的影响，出现了"四不"青年——不谈恋爱、不结婚、不生孩子、不买房，成了无车贷、无房贷、无孩的一代。

总之，不论是哪种类型的解决方案，都是为了缓解神经症的内在状态——这种状态下，病人会感觉自己充满了破坏性的冲突、难以忍受的紧张和潜在的恐惧。

除了将自己理想化，他还会使用自我疏离、内在经验外化、分裂、自动控制和理智化来进行防御。其他几种前文均已提及，自我疏离将在之后介绍。

自动控制是神经症病人，特别是抑郁型病人常见的方式。他用这种方法来抑制情感，因为在他的经验里情感（特别是愤怒）是危险的根源，是不被允许表达的。于是，在潜意识里他形成了自动控制系统，这个系统的工作机制很像火灾报警器，一旦探测到烟雾立即报警，甚至马上喷水来把火扑灭。抑郁症病人对自己愤怒情感的处理也是如此，一旦感知愤怒，就立即扑灭。但被压制的情绪会通过其他方式表现出来，比如手抖等躯体症状。

外化作用

外化作用是一种心理运作方式，它是指人将内在的过程当成发生在自身之外的事，是外在的因素而非自身因素导致了生活中的各种麻烦。

认识实际自我后，神经症病人在潜意识里讨厌、愤怒、鄙视自己，并想远离这样的自己，在意识层面，他则通过外化作用的防御来处理。

外化作用就是把自己内部的矛盾变成自己与外部世界或他人的矛盾，它分为主动外化和被动外化。

　　主动外化是将自我的憎恨指向外部，抱怨生活的不如意、命运的不公平或者将之归为体制的束缚，等等。被动外化仍将憎恨指向自己，但这种憎恨是由外部的人或物施加的。

自我疏离

真实自我对一个人来说是极其重要的，是一个人希望成长并能够成长的部分，充满了生命力。真实自我让人可以产生自发的情感，不论这些情感是怎样的，我们都欣然接受，承认它们是我们的一部分，而不是以外界的标准对它们区别对待，或对其中一部分进行限制。由此，我们与世界和他人建立起联系、了解自己的兴趣并获得能量，再根据自己的意愿调节我们的目标和行动，让真实自我获得养育，慢慢长成自己期待的模样。在这个过程中，我们明了"我是谁"，可以看清自己的全貌，为自己而活。

但是由于不恰当的养育，真实自我的能量可能被自负系统侵占，霍妮从心理病理的角度阐述了这个过程：神经症病人为了理想自我而远离了真实自我，这个过程被称为"自我疏离"。

不同于精神障碍，神经症病人虽然在定向力①上没有明显的损害，但他们对自身的整体体验能力有不同程度的困难，仿佛身处迷雾之中，看不清自己和周围的环境。神经症倾向的人的情况会好一些，他们能分析事件和他人，但对自己的想法或感受却不甚清晰。这些都是自我疏离的表现。他们不清楚"我是谁"，而这里说的"不清楚"既可能是现实层面的，也可能是感受层面的。神经症病人对自己的身体上的疏离，表现为对自己的身体没有感觉，或者只有麻木感，所以咨询师经常会问"你此时有什么感觉？"，以唤醒他们对身体的觉察。他们也会对镜中的自己或照片中的自己感到陌生，不能立即认出自己。一位自谦型的老年人因偏瘫住在养

---

① 定向力指人对时间、地点及自身状态的认识能力。

老院，生活都不能自理，却还想着怎么去照顾亲戚，仿佛对自己已经是病人的事实完全不知。

　　理想自我具有的强迫性导致人只能疏离真实自我。自负系统让一个人不想成为他自己，随后产生自我憎恨，使其对真实自我采取主动的疏离。由于理想自我的统治，真实自我被关进了"小黑屋"，一个人与自己及整个世界失去了联系，只生活在自己编造出来的虚幻世界里。他感觉不到自己的存在，因为他只是一具躯壳——已经被其他灵魂入侵的肉体，他不再属于他自己。生命仍在继续，但与自我疏离后，他只是行尸走肉。

　　自我疏离的他的情感生活由自负统治，这个"暴君"按照自己的需要对情感进行筛选，他的情感自由被扼杀，不再是五颜六色的，曾经的生动消失了，只剩下单一的颜色——可能是抑郁的灰色，也可能是暴怒的红色。那些用于发展真实自我的能量，现在用于虚构理想自我，他总是感觉被驱使，每天为避开恐惧、焦虑而忙碌到身心俱疲；人生的定向力也消失了，他不知道自己身处何处，又将去向哪里，只知道"不要恐惧、不要焦虑、不要亲密"，但如果你问他要什么，他也无法回答，因为他失去了目标感；他也不能为自己承担责任，对自己的不信任让他宁可把希望寄托在别人或命运那里；最后，他的整合能力也衰退了，没有灵魂的他看不清自己的样子，无法获得统一感。

　　总之，以上各种表现都是与真实自我疏离的结果。只有当自负系统逐渐瓦解，真实自我才有可能被接近，我们才可能将自己的灵魂重新放回自己的身体里，为自己而活。

第四章　神经症的人际关系

Chapter Four

他（神经症病人）感觉和其他人疏远，对他们极其不确定，害怕他们，对他们充满敌意，然而他又因为他们对他至关重要而需要他们。

——卡伦·霍妮《神经症与人的成长》

神经症病人的内在状态经常是充满冲突、难以忍受的紧张和潜在的恐惧。为此，他们会采取许多措施来消除这种不安。对内的措施是自我疏离，对外的措施是形成与他人相处的相对固定的模式。他们的不好相处是有目共睹的，而在人际关系特别是亲密关系中，他们也不可避免地会遇到困难。

人际关系的共性

第二章中讲到，基本焦虑会让神经症病人将注意力都放在自己身上，因为他的能量主要用于如何让自己获得安全感上，所以没有空间去涵容别人的情感。在心灵层面，他自己尚处于发育不完善的阶段，他不相信自己是独立的个体①，自然也不能把别人当成独立的个体来看待。

我们与神经症病人相处时，会奇怪他们对他人和客观事物的扭曲，或者他们语言上存在的前后矛盾。霍妮发现了这些扭曲和矛盾的内在原因，让人们对此的理解

①　霍妮.神经症与人的成长[M].邹一祎，译.北京：台海出版社.2018:183.

变得清晰明了：神经症病人的所有言行都源于他们的需要——维护自负系统的需要。比如，一个自恋的男性只邀请不如他的同性朋友来家里做客，因为他需要在异性面前占据优势；再比如，一位女性在前一分钟还因依赖的需要把男友看得完美而高大，下一分钟就因对方没有满足她的全部期待而把对方贬得一无是处。只看他们的行为，会觉得不可理喻，但明白其中心理的运作机制，就知道这些行为从他们的角度出发是合理而统一的。

　　除了根据自己的需要而扭曲别人，神经症病人还会根据自己的外化方式来看待他人。就像他已经写好了剧本，在这个剧本中，他扮演了他想要扮演的角色A，把不想扮演的角色B推给进入他生活的其他人。但实际上，A和B都是他的特征。不管是谁来出演B，他都会将自己不想要的特征赋予B，全然不顾这个人的真实样子，即外化作用。他的剧本来源于早年与主要养育者的互动体验，以及在这个环境中发展出来的、独特的解决内心冲突的方案，这种方案具有强迫性。外化让神经症病人完全忽视他人本身的特征，特别是与他的想象不同的特征，并赋予他人本身没有的特征。对他来说，他人只是演员，要按照他的剧本出演。也可以这样理解：这个世界没有别人，只有自己。神经症病人也可能对别人实际存在的某些特征高度敏感，他会有选择地看到自己想看到的东西。

这套系统已经被构造得精致又完美，形成了自动程序，让病人对自己的需要和要求全无觉察。这些需求如果在意识层面，神经症病人会觉得是合理的，他对别人的反应完全是正当的，也确信自己是容易相处的。当然，这不过是他自己的错觉。自恋者认为自己在容貌和智力上远远高于他人，所以在他看来，只要长了眼睛的人就应该看到他的卓越，长了嘴的人就应该歌颂他的优秀，但实际情况是他的容貌和智力或许只有中上水平而已。

霍妮指出："若一个人实际中意识到他就是他自己，别人就是别人，他不会因为各种强迫性的需要动摇对别人的评价，观察力和批判力无法替代他内心对别人的确定感。"[1]神经症病人对别人的不确定感让别人在他心中的样子像标本一样，他缺乏根据实际情况调整自己对他人印象的能力，也就是说，他对别人的印象只是出于主观需要，不是建立在对客观事实观察的基础上。神经症病人普遍对他人有不确定感，他会怀疑别人对他的立场——这种怀疑会破坏他们的关系。不确定感还表现在他在信任他人的程度上出现问题，不是过度信任就是过度不信任。我们现在知道了原因——神经症病人对他人的判断源于自己的需要而不是他人的实际表现，所以他也无法细致地区分和判断他人在情感和能力上可能有的表现。在这种混沌的情况下，自负系统放大了他的恐惧，他只会预测事情朝最坏的方向发展。这种恐惧由感觉自己无助和放大了他人的杀伤力两方面所致：自负系统在削弱了自己的力量的同时，夸大了他人的力量，

① 霍妮.神经症与人的成长[M].邹一祎，译.北京：台海出版社.2018:284.

如此就让他的恐惧放大了许多倍，让他变得脆弱，一点儿小事就能对他造成伤害。

自负系统强化了基本焦虑，让神经症病人把他人看得过于重要。他需要通过他人来确认自己虚构出的自身价值，给自己行动的动力，并且借由他人来保护自己免受自我憎恨的伤害，完成外化的防御。由此，我们发现了存在于神经症病人心理的一对矛盾：一方面，由于基本焦虑，他对他人充满敌意，感到恐惧，因而想疏远他们；但是另一方面，他又如此需要他们。在现实层面，他对人际关系如此渴望，却又缺乏经营长期稳定关系的能力，属于典型的眼高手低。这对矛盾存在于神经症病人所有的人际关系里，同时也影响着他们的爱情、婚姻和性，让他们的亲密关系难以维系或者受到阻碍。

亲密关系中的神经症困扰

　　亲密关系是人际关系中的一种特殊形式，神经症病人处理亲密关系时同样会出现困难，因为神经症自负是爱的敌人。[①]在潜意识里，他不相信自己值得被爱，不相信有人不因为他的条件（身份、地位、金钱等外在因素）而爱上他。之所以得出这样的结论，是因为他陷在自己的焦虑里，没有爱人的能力——这种情况又被称为爱无能；他的自我憎恨和自我蔑视外化，让他自己都不接纳自己，自然也不相信别人会接纳他；他对爱人的期待强烈到无人能够满足，这让他觉得自己从来没有"真

---

　　① 霍妮.神经症与人的成长[M].邹一祎，译.北京：台海出版社.2018:234.

正"被爱过。

　　亲密关系意味着选择对象——我们会爱上谁、选择谁来做我们的伴侣。曾有精神分析学家认为伴侣是潜意识的选择，但霍妮对此提出了异议。她认为做出选择建立在具有挑选能力和了解对方的能力的基础之上，而神经症病人没有这样的能力，他结婚可能是因为到了年龄，别人认为他该结婚了，也可能是正好遇到了一个想和他结婚的人。因为他的自我蔑视和低自尊，他不敢去接近或追求他喜欢的异性；他也很难认识心理发展相对健康的人，更不要说和他们建立亲密关系。霍妮认为，神经症病人所谓"伴侣的选择"不过是他被对方突出的神经症需要所吸引而已。[①]

　　神经症病人人格上的不完整，造成他们在人际关系特别是亲密关系中的困难，而且这种悲剧一再上演，并不会因为换了一个爱人就发生彻底的改变。甚至在性关

---

　　① 霍妮.神经症与人的成长[M].邹一祎，译.北京：台海出版社.2018:223.

系中，他们也表现出这种强迫性和重复性。

　　性是一个人完整人格的一部分，性的充分发展与其他发展一样重要。健康个体的性行为不仅会给人带来生理满足，还会在增进亲密关系的同时增强人的自信心。神经症病人会扩大这些功能，对他们来说，性行为不仅缓解了性的紧张，也用于释放各种焦虑情绪，性行为成了他与人连接的唯一方式，还成了满足自负需要的方式。性在神经症病人的生活中承担了更多的功能，因而显得过于重要，但和其他人际关系一样，他也没有足够的能力维持这样的关系，因为他在性活动上具有的强迫性让他面临困难。他希望性关系和其他人际关系一样满足他的强迫性需要，而这种需要并不是出于他真正的情感或愿望。

扩张型神经症病人的人际关系

我们在第三章讲到，扩张型神经症病人为了解决自负系统引发的内心冲突，完全压抑了自谦驱力，把理想自我当成了标准。他们认为自己能够克服所有障碍，在与人交往中要成为控制者，讨厌自己顺从、让步和依赖他人。他们最无法忍受的是被愚弄，将之看作最严重的羞辱。而扩张型可以进一步划分为三种细分类型——自恋型、完美主义型、傲慢-报复型。接下来我们将逐一了解这三种类型在人际关系中的特征。

霍妮认为，自恋型的人内心与其他人是没有连接的，他的世界只有一个人——他自己。他的需要和任务极为重要，其他人的存在只是为了衬托他的优越。就像《小王子》里描述的小王子在旅行中遇到的第二个人——这人戴着帽子，当别人夸赞他时，他就把帽子摘下来放在手中挥舞，谦虚地表示感谢，但是当说到无关他优点的事时，他便对别人的话置之不理。在实际的交往中，当其他人根据实际情况对自恋型的人做出评价时，这些评价必然会低于他的预期，他便会感到被羞辱。他坚持自己拥有剥削别人的特权，这也会导致人际关系的破裂。我们会看到，这样的人很难建立起长久的关系，无论是友谊还是爱情，因为在他眼里，自己太过优秀，以至于无人能够与他匹配。

完美主义型的人认为自己的标准是伟大的，他在智慧和道德方面存在优越感，他追求一切生活的完美和优异。①他要求自己在各方面都要做到100分，也同样地要求别人做到，别人做不到就会被他蔑视。他是完美的，无法接受任何事情出现问题，所以如果事情进展得不如

---

① 霍尼.自我的挣扎[M].贾宁，译.南京：译林出版社，2017:214.

意，那就只能是别人的错，这是他将自责外化到别人身上的缘故。他要求得到尊敬，因为他是如此有责任感和善良，他理应得到他人的尊敬并拥有获得好的生活的权利。这种类型的人往往是难以相处的，因为他的标准过于严苛，为了维持自己完美的需要，别人只能承担下所有的错误。

傲慢–报复型的人生活的动力，是获得报复性的胜利，在人际关系中，他有急迫的、取得胜利和否认积极情感的需要。他有像神一样自给自足的需要，因为认为自己是最优越的，他不需要别人，如果现实中有人比他更有权力，他会施加报复来说服自己暂时忍耐。他把爱、怜悯、体贴这些积极的感情都看作阻碍他通向荣誉之路的绊脚石，必须清除，他要靠自己非凡的智力来掌控生活。在想象中，他把自己变得刀枪不入，不会再被任何人或事伤害；他还给了自己赦免权和不被惩罚权，他伤人可以获得赦免，别人伤害他必被惩罚，安全对他来说是双重标准。与傲慢–报复型的人相处很难，因为他总是挫败别人的各种希望，认为这些需要都是有毛病。但如果别人的行为让他感觉受到伤害，他会立即加倍报复，其报复性的表现是突然的暴怒。比如法国作家司汤达的小说《红与黑》中的于连，在感觉被瑞纳先生羞辱后，用和他妻子上床来报复，又在得知瑞纳夫人写信对他恶意中伤后，对她开枪想打死她。

自谦型神经症病人的人际关系

自谦型是霍妮着墨最多的，原因应该是她自己属于这个类型，书写这一类型的过程也是她对自己进行分析和不断理解的过程。《我们时代的神经症人格》的第六章"对爱的病态需要（即神经症需要）"、第七章"再论对爱的病态需要"、第八章"获得爱的方式和对冷落的敏感"、第九章"性欲在爱的病态需要中的作用"，《自我的挣扎》第九章"自谦型的解决方法：渴望爱"和第十章"非正常的依赖性"，都是对这类人群的论述。霍妮所称的自谦型神经症对应现在流行的"讨好型人格"的说法，这类人在人群里占了一定的比例。

霍妮在妈妈对哥哥宠爱的阴影下长大，她想要得到妈妈的爱，就必须放下自己的感受，把妈妈和哥哥放在中心位置。因此，她压抑了自己的攻击性，放弃抗争，成为妈妈忠诚的拥护者。这些成长经历让她从小就知道，表现优异并不会得到鼓励，反倒是在展现自己的痛苦和不足时能得到关心。在明白这种运作方式后，她将自己的优越压进了潜意识里，在人际关系里表现得顺从并总是处于被支配的位置。她一切的努力都是想得到帮助、保护和爱。

自谦型神经症病人的内在矛盾是对养育者反抗的愿望和对爱的需要，这对矛盾给他带来了痛苦，因为他想反抗的人，同时也是为他提供爱、帮助和照顾的人。儿时，幼小的心灵无法理解和处理这么复杂的情况，也尚不具备解读这种问题的能力，开始时他还能用行为表达自己的愤怒，结果却发现遭到嫌弃和指责，或者直接被忽略、疏远。但他发现，当他将愤怒压抑下来，更多地表现为痛苦和无助时，他还有引起养育者关注的可能。于是出于更强烈的对爱的渴望，他放弃了反抗，把这些敌意和攻击性都压抑下去，变得顺从，学着去爱身边的每个人，无助地钦佩、依靠他最害怕的人。他开始认为爱是生存的必需品，认定只要向爱臣服就可以解决所有问题，得到想要的幸福生活。同时，他开始对一切与扩张驱力相关的部分都严防死守、高度敏感，这些部分不仅包括对他人的敌意、傲慢，还有想要胜出的雄心和愿望，甚至包括在自己的心中把自己的正当利益放在第一的想法。任何的攻击性都会触发他内心的恐惧，带来不安全感。

他用完全压抑扩张驱力的方法来解决自负系统的矛盾，这样的方法压抑了自身的天赋，让他成为受害者。他只是感到恐慌，却不知道恐慌的原因是压抑扩张驱力后产生的自我责备导致的。如果事物出错，他会把错误的原因归在自己身上而不是指责别人。当他逐渐意识到自己对他人的敌意，发现由于有太多的期待，他已经变成了掠夺成性的剥削者时，他会无法耐受。所以他要强调自己的痛苦和救赎取决于他人，让他对他人疯狂的需要合理化，以减少内疚感。当他对别人有期待时，他就会更加将他们理想化，这种盲目的乐观态度会增加他与人相处时的不安全感。

他对人的期待主要表现在两个方面。一是期待被人接纳，因为爱是他的价值所在，任何形式、任何强度的拒绝都带给他痛苦。这也是他在生活中不能向别人说"不"的原因，以己度人，自谦型神经症病人会把别人也看作和他一样脆弱，不能承受任何拒绝。另一个方面是不能独处。他渴望与他人融合，在情感上和实际生活中强烈地、无时无刻地需要他人。在情感上，他需要被他人需要和认可，这让他像藤蔓一样不能自立，严重时甚至没有自己的感受，只想通过他人来感受世界。在实际生活中，他需要得到他人的帮助，需要别人为他把一切都安排妥当。他的理想状态是，他人主动替他完成各种工作，承担他的责任，接管他的生活，而他可以"寄生"在他人身上，通过他们而活着。

在生活中，我们看到自谦型的人重视情感，他们自己眼中的"我"是渺小而无助的、内疚的、不被需要的、不被爱的、愚蠢无能的。他把他人理想化成他的反面，高大、聪明、无所不能。在人际关系里，他慷慨付出，总是把别人的利益放在自己的利益之上。他为自己的善良、奉献而感动，却不去关注那些他不愿意看到的方面。这些方面分为以下几类：

首先，对方是否喜欢他的关注或慷慨。他按照人际交往的黄金法则——"你希望别人怎样对待你，你就怎样对待别人"行事。他把自己认为好的给到对方，却不问别人到底需要什么。其实，他也没有能力知道对方需要什么，即便对方告诉他，他也陷在自己的焦虑里，听不见、记不住，下次又会强迫性地按自己的方式行事，让人觉得沟通无效。比如，在一个朋友聚会上，一位妈妈坐在自己儿子A和另一个小男孩B旁边，给他们夹菜。A习惯了妈妈的行为，B却告诉她："阿姨，我会自己夹，谢谢你！"但是过一会儿，她又开始给他们夹菜。B愠怒地反抗，B的妈妈说："阿姨是好意！"

但B回答："可我拒绝过了呀！"健康人在交往时会实行白金法则——"别人希望你怎样对待他，你就怎样对待他"。

其次，他的给予是附带重要条件的，也是强制性的。他需要陪伴，别人就应该24小时都在。他的所谓无私和帮助，局限于一个他认定的小范围内，经常认亲不认理，只要对方是他的亲人或朋友，他就给予帮助和关心，不分辨事情的是非曲直。他的付出也是期待回报的，遵从反黄金法则——"我怎样对待你，你也应该同样地对待我"。在得到回报时，他才能感受到快乐，而健康的助人方式应该是"赠人玫瑰，手有余香"，在对人好的时候已经感受到快乐了，并且不期待回报。

最后，自己身上所有令人不舒服的特点。他理想化的自己集所有讨人喜欢的优点于一身，但他却没有觉察到自己要求的苛刻。

潜意识里，他让自己处于被虐待的境地，因为他需要让人感到他是如此地痛苦，所以他有权利得到帮助，为此他甚至不惜夸大自己的痛苦。他是一个渴望爱又感到自己被虐待的人。如果他的期待没有被满足，他就觉得受到了虐待。还有些虐待是他强加在自己身上的：他会夸大他遭受的不公，也会刺激别人恶劣地对待他，这是他在把内心冲突转向外部。潜意识里，他喜欢这种感受，因为这让他的扩张驱力得到释放，他是殉道者，可以忍别人所不能忍——这是他唯一允许自己比别人优越的地方，这也让他把敌意归于别人。所以，受虐成了他的需要，受虐后他要求得到补偿，至少可以到处炫耀他的伤口，吸引别人的关注，也就是现在常说的"卖惨"。

　　心中积压的被虐待感，导致他对他人报复性的愤怒不断增强，但是愤怒是他要压抑的情绪，它只会在绝望时喷涌而出。他无法用语言来描述这些愤怒，只能将愤怒转化成痛苦，用自己的痛苦来表达对周围人的愤怒。在表面上，他对别人的态度是广泛的"天真"、乐观的信任，实际在他的内心深处，却对别人怀着不加区分的怀疑和愤怒——当然这是在潜意识里的。

　　我们可以看到痛苦在自谦型神经症病人身上的重要作用。这些痛苦是有功能的：他用他的痛苦指责别人，原谅自己①，是他获得别人的同情和帮助的特权来源；痛苦还让他免除了责任，只在想象中去实现自己的报复；痛苦让他有了崩溃的念头或决心，崩溃是他对他人或这个世界的控诉，会导向自伤或自杀行为。因为痛苦对他来说有这么多作用，所以他不仅不会轻易移除它，还会夸大它，以至于主观上比其他人更经常、更强烈地感到痛苦。

　　自谦型的人在亲密关系中会表现出病态的依赖。舒婷在《致橡树》里对自谦型的爱情观进行了批判：

　　　　我如果爱你——

　　　　绝不像攀援的凌霄花，

---

　　① 霍妮.神经症与人的成长[M].邹一祎，译.北京：台海出版社.2018:223.

> 借你的高枝炫耀自己；
>
> 我如果爱你——
>
> 绝不学痴情的鸟儿，
>
> 为绿荫重复单调的歌曲；
>
> …………

　　对自谦型的人而言，爱的意义在于他期待"被爱"，他渴望臣服、渴望统一，爱是他的理想自我得以实现的唯一方式。他的寄生、他的迷恋，在诗里得到了体现。渴望统一源于自在分裂。有一种说法是，我们每个人都曾是一个整体，却被分成两半，只有找到另一半，人生才会完整。这个另一半可能是伴侣、亲人甚至是宗教。通过与之融合来感受到自己分裂出去的部分再次整合、统一，是人类最强烈的一种动力。当然，这些都是病理状态下的关系，通过精神分析获得自我成长，可以让我们接纳分裂出去的自己，从而在自己身上完成这种整合。

自谦型神经症病人的内在矛盾

自谦型神经症病人的内在矛盾是对养育者反抗的愿望和对爱的需要。

而这对矛盾导致了痛苦与冲突，因为他想反抗的人同时也是为他提供爱、帮助和照顾的人。年幼的个体无法理解和处理这么复杂的情况，也尚不具备解读这种问题的能力。

开始时他还能用行为表达自己的愤怒，但却遭到嫌弃和指责，或者直接被忽略、疏远。

　　于是出于更强烈的对爱的渴望，他放弃了反抗，把这些敌意和攻击性都压抑下去，变得顺从，用完全压抑扩张驱力的方法来解决矛盾，也因此让自己成为受害者。

放弃型神经症病人的人际关系

　　放弃型的人过着一种退缩的生活。退缩对于一些人来说是有积极意义的，说明他们能够对外界事物进行甄别，将不重要的舍弃。做到"断、舍、离"是一种人生智慧。但神经症病人的退缩是将努力、奋斗搁置，是一种防御性的畏缩。他从自己的人生舞台上撤离，选择成为观众，以此来缓解内心的冲突。他只关心娱乐，对其他事的原则是"不参与"和"不奋斗"。

　　这个类型的人早年生活在受到限制的环境中，由于限制太强大或是无形，他无法公然反抗。家庭成员之间的情感捆绑得过于紧密，让他感觉被侵入，没有自己的空间；对别人的期待，他养成了遵从的习惯，否则别人就会以冷漠回击；养育者给予的爱给他的感觉不是温暖而是窒息。比如，父母过于自我而不能理解孩子的需要，反而要求孩子给予支持和理解；父母的情绪过于不稳定，时而热情，时而无故打骂。他生活在一个对他提出各种要求的环境中，让他必须充分考虑自己的个体性，否则他就有被吞没的危险。他想要得到爱和关心的努力被击碎，得到的只有束缚，最终他只能通过疏离他人来得到内心的安宁。他不再想得到爱，也不想被矛盾的情感撕扯，只想让自己以平静的心态与养育者相处。于是，他保持了自己内在生活的完整性，通过保持距离，把家人的侵入排除出去。为了维持这个相对稳定的系统，他把对他人的愿望和期待也一并收回，说服自己不需要别人在情感和实际生活上的支持也能够过活；他用表面的平静应对内心的情绪，生怕表现出的恐惧或怯懦让人觉得有可乘之机，再次侵入他的生活；他以"放弃"自己的全部愿望为代价，挣脱别人的控制。这样做的消极方面是，他的生命力也随之被削弱了，生活失

去了目标，因为他放弃了积极的生活和自我实现的内
驱力。

　　他的内在处于分裂状态，与真实自我疏离，没有自
信，在面对实际生活时觉得自己没有准备。这些都影响
到他的人际关系，他为自己描绘的理想化形象是：自给
自足、独立自主，超然于欲望和激情，公平——这里的
公平指的是不做任何承诺和不侵害任何人权利的理想化
表现。①他将"应该"和自我憎恨都外化，对他人做出
敌意的预测，所以外界给出的极小压力，都被他主观体
验为持续的强制。他以既顺从又反抗的方式回应别人的
要求，例如他会爽快地答应别人的要求，却在执行时一
再拖延。这导致他在人际交往中经常感受到压力，所以
需要将自己撤回到安全的位置。对于内心的冲突，他想
出的解决方案是：什么都不做，就什么也不会错，不会
违反任何"应该"和禁忌。这种被动抵抗逐渐泛化到其

---

① 霍妮.神经症与人的成长[M].邹一祎，译.北京：台海出版
社.2018.:266-267.

他部分，让他在感觉"应该"做某事时就会无精打采，从而导致生活弥漫着惰性，总是很容易感到疲惫。

我们会看到这类人的三种生活方式：持续放弃、反抗和肤浅的生活方式。持续放弃型的人虽然与人保持着情感距离，但能为家人、朋友和熟人做些事情，并且不期待回报，也能够做好日常工作。尽管工作对他来说是极不情愿的，但为了经济和逃避内心的无用感，他还是能够坚持。当惰性和对工作的反感增加，他可能做临时工，或者过寄生的生活。这种惰性也会延展到思想和情感上，让他懒得思考。

放弃型的人是一个被制服的反抗者。①当他的扩张驱力占了上风，他开始反抗生活的限制，加入另一种生活方式——反抗——的群组。对外界环境公开的反抗，让他变成一个好斗的攻击者——攻击与他联系的人，也攻击各种习俗和制度。他更多地反抗内在的专制，变得

①　霍妮.神经症与人的成长[M].邹一祎，译.北京：台海出版社.2018:273.

开始"做自己"而不是遵从规则。他会强调声望或机会主义的成功——既过好的生活又无须努力，只靠着偶然的机会就能轻而易举地得到。这种反抗只是部分解决方案，是一个可行的妥协而已。

当他更加疏离自己，就加入了肤浅生活方式的组群，同时也失去了情感的深度与强度。他对人们的态度不加区分，只看眼前和表面，与人的连接减少，乐趣也变得肤浅，丧失了对问题实质意义的思考，不再有自己的信念。这样的人是"适应性良好"的机器。①

---

① 霍妮.神经症与人的成长[M].邹一祎，译.北京：台海出版社.2018:266-267.

几种人格类型间的互动

　　自谦型的人会被强大和优秀的人吸引，因为在他眼里，这样的人才能满足他的需要，这是他的个人信仰。也因为他压抑了自身的扩张型驱力，但这些驱力并未消失，他需要外化这些驱力，所以他对别人的扩张驱力充满敬仰。因此，他容易爱上自恋型、完美主义型和傲慢–报复型的人。自谦型的人最不喜欢的也是自谦型的人，同一类型的人只会像一面镜子，照出他的脆弱。他期待这些优秀的人能够满足他的需要，把他从自己手上接管过去，而他从此就可以高枕无忧了。他对他们的过高评价，是因为他需要他们强大、优秀，让他可以安心地依附。

　　在自谦型的人眼中，最有魅力的是傲慢–报复型的人，因为这一类型的人会明目张胆地表达他们的自负，并对他做出冒犯行为，这种冒犯行为恰恰促成了他们之间的依赖关系。当傲慢-报复型的人冒犯了自谦型的人，后者马上会感到愤怒和想要报复，但同时也被深深地迷住，狂热地坠入爱河。比如，我曾听闻这样一则故事：有一位优秀的男士，单位里貌美能干的女人百般献殷勤，都没能讨好他。但在一次单位组织的春游中，一位相貌平平的女孩朝他的屁股扔了一个橘子，他就疯狂地爱上了她。自谦型的人在渴望痛苦，被侮辱是他的需要，他希望自己的灵魂和身体都是舍己为人的。[①]只有在感觉或真实地被贬低时他才能够去爱，对方的冒犯行为让他可以屈从于对方。

自恋型和放弃型的人会厌倦自谦型的伴侣提出的隐性要求，导致关系的结束。而傲慢-报复型的施虐会与自谦型的受虐正好契合，让他们的关系得以保持并充分

---

① 霍尼.自我的挣扎[M].贾宁，译.南京：译林出版社，2017:276.

发展。如果结婚，他们会互相折磨，"相爱相杀"。这
种组合很常见，自谦型的一方慢慢将自己置于危险之
中，不断地自毁，形成病态的依赖。开始时，自谦型的
一方会全身心投入这段关系，以对方为中心，唯恐失去
对方，为此不惜放弃自己的工作和其他人际关系，而这
些也都得到对方的认可和鼓励。他们貌似般配：一个想
做主人，不断提出要求；另一个想要臣服，顺从对方的
要求。然而随着时间的推移，两种神经症结构之间的冲
突必然显现。自谦型的人渴望得到爱和亲密，另一方却
十分害怕积极的情感，害怕自谦型融合的需要。这样的
冲突在双方身上都会形成恶性循环，自谦型人的融合需
要让对方不得不打击他，被打击后自谦型人就感到被忽
视和被虐待，从而出现焦虑情绪，为缓解焦虑而需要更
多的依赖。傲慢–报复型的一方则会感到被隐性的要求
胁迫，坚持有掌控感的需要会让其加重给对方的打击。
他们会以讽刺、贬低的方式来进行沟通，进一步导致自
谦型的一方更加依赖。这个恶性循环引发彼此最糟糕的

部分不停运作，造成相互折磨的结局，但两人的性关系
却是令人满意的。

傲慢–报复型的一方认为自己有权做出决定、提出
要求并且不允许被质疑，如果自谦型的人不给予满足，
他就会表达愤怒，并把所有的"锅"都甩给对方。他会
否定和批评自谦型的人提出的要求，认为自谦型的付出
是为了满足自己的占有欲，对物质和性的追求是太过放
纵。总之，傲慢–报复型的人仿佛站在道德的制高点，
要求自谦型的一方反思和消除自己的需要并为之忏悔。
前者对后者的挑剔、贬损，是前者对自我憎恨的主动外
化的需要。

自谦型的人对这种虐待，内心的感受是矛盾的。他
的第一反应是感到无助，默默承受对方的责备，在性行
为中表现得受虐。但受虐又符合其臣服于对方并与对方
融合的渴望，其需要在自我贬低中实现。这种自我贬低
也出现在他的幻想和梦里，其会想象自己被捆绑、鞭打
和强奸，他将自己想象成落难者，等待被拯救。这样的

情节频繁出现在现代偶像剧的剧情中，便是由于能满足人
们的想象。当然，这种贬损是在潜意识层面的，以至于其
无法注意到旁人看来十分明显的冒犯行为，而且即使旁人
指出，他也只把自己的顺从看作谦卑或爱，而不去感知和
体会。因为美化对方是自谦型神经症人的需要，他们愿意
活在自己的想象里。只要关系还在维系，自谦型的一方就
愿意相信和仰慕对方，并用对方的视角去看待一切。只有
在关系结束后，他才能清醒和完整地看待整件事情。

　　自谦型神经症人要求对方接受他的爱的臣服，并用
爱来回报。有两种结果，一是对方不能满足，这让自谦
型的人感到受挫，但会越挫越勇，不断尝试各种努力来
得到对方的爱。最终在希望被摧毁后，他开始憎恨并报
复对方。他们会发生激烈的争吵，或是间接地在抱怨、
痛苦和增加的依赖中表达。在自谦型的一方向往"美好
结局"的努力下，两人更紧密地捆绑着。另一种结果是
对方爱上了他，但因为自负已经被满足了，他就无法再
爱了，他们的关系走向结束。

第五章　自我分析

Chapter Five

生命就是奋斗与竞争，发展与成长——精神分析是能够发挥协助作用的方法之一。

——卡伦·霍妮《自我分析》

克莱尔的案例

霍妮对克莱尔的心理进行了详细的记录。当然，正如在第一章里指出的那样，这极大可能是霍妮对早年的自己进行的自我分析。

在前文，我们已经对克莱尔的原生家庭进行了介绍。成年后，她经常被生活中的小挫折激发出疲倦感和无力感。虽然在杂志社担任编辑，而且表现不错，但是她觉得自己无法实现当作家的理想，认为自己没有才华完成卓越的工作。她23岁结婚，在3年后丈夫去世了。之后，她和另一位异性相处，自觉对这段关系感到满意。在30岁时，她接受了18个月的心理咨询，随后的两年她进行了自我分析，最后还做了1年的不定期治疗。

通过4年半的时间，她理解了自己的神经症倾向，虽然这些倾向的症状不太明显。随着对自己理解的深入，克莱尔在生活中避免了对他人的病态依赖，创作也有了进展。霍妮由浅入深地将克莱尔的心理咨询分为三个阶段——觉察到自己强迫性的谦逊，强迫性地依赖同伴和迫切地需要得到他人的认可。

克莱尔眼中的自己是个蠢笨、无魅力、无才华、不自信的人，与人相处会逆来顺受，总是把别人当作中心。即便丈夫有了外遇，她也为他找理由。她把自己缩在一个狭小的世界里，并且在这里她也只屈居次要位置，别人的利益、需要和评价比她自己的更重要。通过了解她的成长经历，我们知道这是她早年人际关系的模式延续。那时，妈妈是世界的中心，占据"C位"，其次是哥哥，而她待在聚光灯照不到的阴暗角落。只有靠近妈妈时，聚光灯才会顺便照到她。所以妈妈的需要和感受才是最重要的，而她是被忽视的。慢慢地，她认同了这种忽视，也开始忽视自己。长此以往，强迫性的谦逊成为她人格的一部分，她总是习惯性地屈从他人，对别人不敢有丝毫的批判。哪怕是所有人都看出某同事对她有恶意时，她也将恶意曲解为友善，总是照顾别人的感受，压抑着自己的攻击性。在正当的竞争中，她也不敢表达，潜意识里不允许自己优秀。即使偶尔表现出众，她也在意识到后迅速落败，宁可委屈自己，也要成全别人。

她不仅压抑了自己的攻击性，也压抑了自己的感情和欲望，只允许自己有较为"现实"的需求，不敢对生活有过多的奢望，认为自己不配拥有好的生活。然而她不知道的是，她把自己的创造力也一起压抑了下去。这种倾向具有强迫性，表现在她的方方面面，也具有幻想性，并非基于她的实际能力，所以是一种神经症倾向。然而，被压抑的欲望像挥之不去的阴影，不时通过各种形式冒出来。她抱怨着生活，为一点儿小事哭泣，虽然她自己也无法解释这种情绪。

在第一阶段，分析工作的重点是通过对自己强迫性谦逊的觉察，让克莱尔意识到并承认自己对成功的渴望，解除防御，不再压抑。一次，她想给杂志社提些建设性意见。虽然她内心十分确定方案的可行性，也相信会得到大家的赞赏，但在会议开始前她就感到恐慌，会议才开始她感觉肚子痛，赶紧离开。然而，当完成提案并得到大家的赞同后，开心就取代了恐慌。这次成功的经历让她领悟到一点——对她而言，拥有不同的见解并表达出来是一件冒险的事，需要打破她原来小心维护的界限。之前，她需要在界限里才能感觉到安全，但这只是她自己的想象而不是事实，也就是说，她自己在画地为牢。经过两年的分析，强迫性谦逊逐渐消失，她可以根据事实对自己的能力进行判断了。她开始认可自己的才华，并敢于表达自己的愿望和观点。

　　然后进入第二阶段，觉察并消除对他人的依赖倾向。这种倾向表现在结束与他人的一段关系后强烈的无助感，过度重视自己喜欢的人和灰姑娘情结（Cinderella complex）①上。这种倾向起源于早年她对妈妈的依附和理想化，它会让与她相处的人不堪重负。对他人的理想化必然会破灭，因为那是出于自己需要的想象，并非来源于事实。理想破灭后她会即刻出现失望和愤怒的情绪，又害怕失去这段关系，只能将情绪压抑下去。但压抑愤怒不仅让关系受损，也让她感到疲惫。分析工作让她意识到，这是由于她将期待投注到了他人身上，其实她完全有能力承担起实现自己愿望的责任，无须依赖他人。这个觉察让她摆脱了毫无用处的依附，她开始对生活采取主动的态度。效果体现在她的梦境里：在梦里，

---

　　①　由美国女性主义作家柯莱特·道林（Colette Dowling）首次提出，指由于对独立的畏惧，女性更倾向以与男人的关系定义自己，而怯于追寻内心真正的自我。她们无法发挥自己的创造性，缺乏独立精神，想自立可是又想依赖。

她和朋友开车到了一个奇怪的国家，她想自己考驾照，又发现其实她有驾照，而且开车技术和朋友一样好。

最后一个阶段的目标是，让克莱尔重新意识到那些自己为实现理想做出的努力。年少的她也曾经雄心勃勃，后来却压抑了这些想法。现在，她期待再次拥有这种积极的力量来重建尊严，并报复那些羞辱过她的人。回首往事，她在高中和大学都拿过成绩第一，但人格中的强迫性谦逊让她怀疑自己的才华，并且太在意成功的结果也让她害怕失败，所以她退出了直接竞争；现在的情况表现为对工作热情的压抑，并转变成想在毫不费力的情况下超越别人——在潜意识里，她在用其他方式完成自己的愿望。她将外在的、不可控制的运气因素归入成败，这样她就无须为结果承担责任了。此外，她将抱负转到成功地拥有爱人上，并让爱人为成败负责，而自己作为重要人物最爱的人，即意味着获得成功。她的这种心理也正对应了作家周国平于《人与永恒》中写的："男人通过征服世界而征服女人，女人通过征服男人而征服世界。"

　　通过分析，我们可以发现克莱尔内心存在的两对矛盾：保持谦逊还是超越他人？依赖他人还是超越他人？这些难以调和的矛盾把她拖入邪恶的陷阱，让她身心疲惫，在工作中不能发挥应有的实力。她想依赖同伴去实现自己的愿望，就必须把自己放在谦逊的位置上，同时压抑自己想超越他人的愿望。觉察到对同伴的依赖，让她感到羞耻，为了克服羞耻她又想让自己强大，增加对成功和超越他人的渴望。

　　前面两个阶段的工作让保持谦逊和依赖他人的强迫行为慢慢解除后，这些矛盾也随之消失了。她重新意识到自己的雄心壮志，并且这种雄心壮志建立在稳固的人格基础上。通过分析，克莱尔完成了对自己人格的拼图，理解了自己是谁。心理层面的工作完成后，生活自然随之改变。

自我分析的风险

听起来，自我分析是个不错的方法，但有人会担心，独自进行自我分析是否会带来二次伤害？

对此，让我们先来回答自我分析的目标是什么。在第一章里，我们已经知道神经症会导致我们的人格得不到充分的发展，从而导致人在某些事情上的刻板，使人无法发展自身的潜能。改变这种状态的前提是对自我的认识——对自己好奇，认真地观察后确定自己是什么样的人，又是怎样成为现在的样子的。也就是通过自我分析，对自己人格的形成和现状产生足够的理解，能够回答"我是谁？"。随着心灵问题有了答案，生活里的问题和不良的情绪反应也就能够得到解决了。

其实，每个人都自觉或不自觉地在不同程度上做了自我分析的探索。我们在成长中势必需要回答"我是谁"的问题。人们要生活，真实的生活本身就不可避免地蕴含着各种挑战，为了适应生活，每个人都在努力，其中也包括认识和改变自己的尝试。所以，几乎每个人都做过偶尔的自我分析，只是原来我们不知道这叫自我分析，或是将这件事冠以其他名称。《论语》中的"吾日三省吾身"就是在反思和认识自己。当然，自我分析与这些反思还是有区别的，这些反思最多只能叫作偶尔的自我分析，而不是系统化的自我分析。但偶尔的自我分析也会让人有所收获，获得某种顿悟。想得到自我相对完整的蓝图，则需要系统化的心理咨询。

回到我们起初的问题：患者独自进行自我分析会带来二次伤害吗？实际上，所有的包括精神分析在内的心理咨询，都会带来短暂的伤害，正如揭开已经结痂的脓肿一样。脓肿表面上已经愈合了，但深层的病灶并未清除，被触及时仍会疼痛。为了真正康复，我们必须重新切开皮肤，找到病灶，去除坏死的组织。这个过程自然是痛苦的，但长痛不如短痛。心理上的问题也是如此，当接触到那些已经建立起来的早期防御时，我们本能地会因愤怒、恐惧的情绪而躲避，但须谨记，越是有痛苦的情绪越说明我们接近了问题的本质。在克莱尔的案例里，当她想为杂志提些可行的建议时，她感觉到了强烈的躯体反应——肚子痛到必须离开会议室。分析发现，这是她内心冲突——强迫性谦逊和超越他人——的体现。她不允许自己表现突出，因为预期这样会遭受攻击，虽然这些都只在她潜意识的想象里，意识里她清楚自己方案的合理性。在提案得到大家的认可后，超越他人的愿望得到满足，并且她发现自己并没有被惩罚，所以之前的恐慌也就烟消云散了。当然，不论是自我分析还是与咨询师一起工作，心理咨询都是勇敢者的游戏，它意味着我们不再怨天尤人，而是承担起对自己的责任。并且，分析是一个漫长的旅程，要经过长年的探索，和过去多年形成的模式反复地斗争。所以，在开始分析前可以问问自己是否做好了准备。

　　当然，自我分析带来的负性情绪会在全新的自我反省后消磨殆尽，属于建设性的程序中的一环。或者也可以这样说：不进行心理咨询，那些负性情绪也不会消失，反而会如影随形。所以，自我分析最糟糕的结果不过是没有取得想要的改变而已，我们为了解决问题已经做过许多其他的尝试，何不多尝试一种呢？虽然这个过程是相当漫长的。

对自我分析的需求

　　如前所述，我们中的大多数人都有着某些神经症倾向，且这些倾向或多或少对生活产生着影响，让人无法过上自身可实现的最高水平的生活。有许多人对此感兴趣，想找到解决的方法。心理咨询通过让人获得对自己人格更加完整的图像，不仅能解决临床症状，还具有协助人们进一步发展潜能的作用。然而通过这种方法获得益处，需要满足许多条件。比如，需要有足够强烈的改变的愿望，因感觉痛苦而决定治疗。多数人虽然感觉生活因神经症倾向受到影响，但痛苦程度还不足以让他们选择走进咨询室。即使有了改变的决心，打算进行心理咨询治疗，这种方法对病人也有一些要求：首先是病人受到的是神经症水平障碍的侵扰，要病得"刚刚好"，因为病得太轻、对生活影响不大的话，病人就没有足够的动机进行治疗，病得太重又没有能力对自己观察和反思。其次，病人要具备心理学头脑，能够观察情感而不只会见诸行动，还要能够使用理解来缓解症状①。最后，病人还需要有一定的金钱和时间，同时遇到匹配的咨询师。

说得简单一点，严重的神经症自然需要与咨询师合作，甚至是长期的治疗工作才能实现其人格的改变。但更多数人的神经症倾向，是否可以通过自我的心理分析来解决自身问题，或是达到自身人格的完善呢？

一位脱口秀段子手开玩笑地做了一个类比：想通过学习心理学的知识来解决自己的心理问题，好比一个骨折的人想通过学习医学知识来自己康复一样。在日常生活中，我们在骨折时当然不会不去医院治疗，反而开始

① 尤萨诺，桑纳伯格，等.心理动力学心理治疗简明指南[M].林涛，王丽颖，译.北京：人民卫生出版社，2010:27.

自学医学知识。因为骨折是急症，需要马上接受检查、复位甚至手术治疗，才能愈合。但是遇到轻症或者慢性病，却是可以通过自我学习来调养的，历史上确实也有一些久病成良医的逸事。心理问题也分轻重缓急，在这里我们仅简单地分为严重神经症（重、急）和神经症倾向（轻、缓）两种。

对于后者，自我分析或是接受心理咨询后的自我分析是能够起到帮助的，因为当心理咨询（无论是短期还是长期）结束的时候，来访者也会掌握自我分析这种方法，可以用它来解决自己的内在冲突。一位初中女生在医院被诊断"重度抑郁、中度焦虑"，有自残行为，但通过八次心理治疗后，她的症状有了明显好转。她在第八次咨询时对咨询师说："我明白了！"而后成功走出抑郁。这里并非说心理咨询有多么神奇的作用，而是想说明，通过咨询，她学会了如何处理内心的冲突。当她习得这种方法后，即使在生活中再次遇到挫败，她也不会再像过去一样为了适应环境而压抑自己的情绪了。我们遭遇苦难时，会通过压抑自身的情绪来尝试自我纾解，而这些被压抑下去的情绪其实并未消失，而是会转化成躯体症状。有时压抑失败，当事人甚至会通过伤害自己的身体来感受自己的存在，自残是一种无声的呐喊。在咨询室里，咨询师会帮助患者学习尊重和接纳自己的感受，而不是压抑它们；然后，咨询师会带患者去看这些感受的来源，理解哪些是外部的（现实的刺激），哪些是内部的（过去的记忆、自己的想象和推断），使患者学会和自己站在一起，而不是和他人的评价站在一起。接着，带领患者成为自己的代言人，先用语言去表达自己而不是行动（比如自残），再去想其他人的感受。在这个过程中，患者学习并获得了自我观察的能力，而咨询师只是提供了陪伴、视角、支持、理解等，治疗工作主要是患者自己完成的。

实际情况是，现今的中国，人们对心理学的关注、对自我分析的需求正不断扩大。我们可以看看大众的热情。2001年4月原国家劳动与社会保障部颁布《心理咨询师国家职业标准（试行）》到2018年5月20日最后一次心理咨询师国家统考，在17年中，有400万人参加了心理咨询师培训。这里面不乏有想从事心理咨询师职业的人，但更多的是心理学爱好者。我身边的亲戚或朋友对自己的心理问题感兴趣，首先想到的不是找专业人士进行心理咨询，而是问怎么考证。这里面的原因可能是去接受咨询，就要先承认自己"有病"，这对多数人而言是困难的。虽然一再宣传心理问题与精神疾病是不同的，但病耻感仍然让许多人望而却步。而去学习心理学相关知识却让人容易接受了许多，也更符合积极进取的人设。

那么，自我分析是如何开展的？我们可以借由霍妮的观点了解。

自我分析是如何开展的

在心理咨询工作中，病人和咨询师有着各自的工作内容。霍妮对此进行了总结，认为病人需要做的是真诚地表达自己，了解自己的潜意识是怎样受到影响的，以及发展出觉察和改善自己与世界的关系的能力。咨询师的工作是观察、了解、解释、帮助抑制抗力和普通人的协助。①而自我分析就是一个人分别承担病人和咨询师两种角色，这就需要我们学会自由联想，为自己提供安全的氛围，识别开始阶段对分析的失望，发展出对移情、防御和阻抗的理解，并学会对梦、白日梦和口误进

---

① 霍尼.自我分析[M].贾静，译.南京：译林出版社，2016:70.

行分析。心理咨询的过程是通过内在起作用的，要付出很多内在的辛苦和努力，然后整个人才会慢慢地产生变化。最后的结果不仅是消除症状，还会使得整个人的状态从根本上发生变化，比如从一种无力、无助的状态，慢慢地变成一种可以自己寻找资源、发展自己，并且能够自己解决问题的状态。拥有了这种能力，人们即便再次陷入一个无助的状态，也能够很快靠自己走出来。

比起与咨询师一起工作，自我分析并非没有好处。两个人一起工作是需要花许多时间来彼此信任、建立工作联盟的，这个时间可能是几周，也可能是数年，自我分析却可以跳过这一步。

准备阶段

如前所述，开始心理咨询哪怕是自我分析，都是需要足够的勇气的。我们遇到现实中的挫败，只有在原有的适应方式让自己感觉受到束缚、痛苦、难以忍受，且觉得自己足够坚强而愿意寻求帮助时，才能走进咨询室。寻求专业帮助是需要勇气的，对很多人来说，逃避、否认和投射自己的痛苦，对朋友和家人抱怨，将自己的感受付诸行动，以及把痛苦归因于外在因素，会比寻求专业帮助更容易。比如，一位女性谈了许多次恋爱但都以失败告终，自己也感到很痛苦，于是她会去喝酒，向朋友和家人抱怨为什么自己从来没有遇到过好男人。这是在生活中十分常见的情况。在咨询师的帮助下，她发现，事实上她遇到过许多不错的男孩子，但她会把他们"教坏"，然后提出分手。与咨询师工作一段时间后，她发现潜意识里她不允许自己得到幸福，因为小时候妈妈告诉她"天下的男人都不是好东西"，所以她要不断去证明妈妈说得对。认识到自己在其中起到的决定性作用和为什么要这样做，她就在之后的亲密关系里有了其他选择的可能，而不是强迫性地证明男人都是坏的。将自己的痛苦带进咨询室，这件事本身就意味着在一定程度上对自己的痛苦承担责任，是一种积极的应对。

所以，敢于对自己的生活负责的人，才有这样的勇气，才想看到是什么力量在暗处操纵着自己去到不想去的地方。进行系统自我分析要做好承受各种苦楚的准备，还要与负面力量抗争。只有动力足够强，人们才能开始并坚持下来。这个动力就是对成长的渴望，对不愿重复走在强迫性的老路上的渴望。

确定自己有足够强烈的动力，就完成了自我分析准备工作的第一步。接下来是自我分析的第二步——了解潜意识的工作方式。这在许多心理咨询的书籍里都有相关分享，因此本书不再赘述。

实施阶段

有了足够的动力和潜意识相关的知识后，就是具体的操作步骤了。

1.为自我分析提供一个安全的氛围。要确保在进行自我分析的这个时间段不被人或事打扰，在与咨询师工作时，这个场所由咨询师提供。如果自我分析需要在家里或者工作场所中开展，就要选择合适的时间，保证分析可以顺利进行，不被打扰。感觉安全，本来就是许多人要处理的问题，先保证物理空间的安全，才能获得心灵上的安全感。

2.对自己诚实。心理咨询最重要的态度是对自己诚实，这两个字看似简单，其实不容易做到，哪怕是无人在场时。任何心理现象都是人脑对客观事物的主观反映。心理问题则是由于我们对客观事物歪曲的反映，歪曲的程度越大，问题也就越严重。而且这种歪曲是在潜意识层面发生的，就像一种自动过程，仿佛已经写好了的电脑程序，在运行时我们丝毫不觉，只看到运行出来的结果。即便我们对运行的结果不满意，并且这种不满意不断重复，具有了强迫的特点，形成了旁人看来奇怪的行为模式，就像成语故事里按图索骥的人一样可笑，我们依旧无力挣脱。这是因为我们已经形成了一整套自以为是的逻辑，只能一边抱怨自己深受其苦，一边继续重复。诚实意味着一个人不再畏惧对自我的了解，不管真实的自己是什么样子，都选择接纳。拥有对自己坦诚的能力，甚至这种坦诚到了残忍的程度，才能接近真我，获得成长。

3.学会自由联想。自由联想是心理咨询的基本技术，就是把想到的直接说出来，不加评价，无论这些想法是否荒谬或者重要。为了后面能够重复审视，可以把这些联想记录下来，比如文字、录音。持续地进行自由联想，可以逐渐地接近潜意识的内容。把潜意识的内容重新带到意识里加工、整合，获得新的理解，就会逐渐完成"我是谁"的拼图。

心理咨询关注的重点与我们一般关注的重点不同。在日常交流中，我们的语言和行为都有着内在逻辑，具有组织性。而自由联想却要求打破这种逻辑和组织性，不加甄别地把脑内浮现出来的观点、感受、幻想都直接表达出来。在自由联想时，要注意把工作的重点放在情绪和情感的表达上，如果自己有意回避某个话题，则需要对回避的意图进行探索，关注自己情绪中的烦恼，避免用其他方法敷衍过去。同时，也需要了解自己的人际关系模式：在这些关系中自己的体验是怎样的，以及这些模式是如何形成的？过去的情绪和经历，如何影响现在的任务？抛开道德的评判，坦然承认自己的欲望、梦和幻想。

比如，克莱尔的案例中曾有这样的描述：她在一个周日早上被一位作家打扰，这让她极为愤怒，因为这是这位作家第二次拖延交稿了，让她觉得他不可靠。但顺着"不可靠"这个点想下去，她找到了自己生气的真正原因。

她的男友彼德在离开时说可能在周六前回来，但没有确定时间。而她把爱人看得太重，期待着他的归来，过度的期待让她感觉疲惫。但意识里，她把自己的疲惫归因为工作。因为想晚上和彼德待在一起，她推掉了别人晚宴的邀请，却没有等到他回来，于是她自己去看了电影，之后开始胡思乱想，觉得他"不可靠"，怀疑他是否真的想和自己在一起。然后她想起两个故事：她有一个朋友A，A在得肺炎时爱着一个男人，病好后却发现自己对爱人的激情也消失了；另一个是书里的情节，女主角的丈夫参军去了，这期间她却变心了。这两个故事都暗示了她想与彼德分开的愿望，然后她理解了自己愤怒的真正原因不是作者，而是彼德。

4.阻抗的处理。阻抗是指病人抵抗痛苦的治疗工作的内在力量，是所有人在分析时都必然会遇到的。阻抗的原因有对改变的恐惧、内在自我惩罚的冲动、坚持早年的冲动满足方式、见诸行动等。内在自我惩罚的冲动是指，因为内化了客体对自己的惩罚，把它看成自己做错事的必然后果，于是会有惩罚自己的愿望。早年冲动的满足方式是在小时候养育者独特的安抚方式的延续，比如养育者在孩子哭时就给棒棒糖，于是孩子长大后遇到挫折就喝酒。见诸行动带来的快乐也会导致阻抗。

霍妮认为，我们内心共存着两种力量：一种想要一直维持原有的幻想以及神经症结构提供的安全感（详见本书第二章）；另一种则凭借毁坏神经症的构造而得到内心的自由与力量。[①]前者称为抗力，后者叫作动力，它们同时存在，此消彼长。动力是指我们对自己感兴趣，意识到自己想要获得成长，但内在（通常是在潜意识里）却阻碍着这些改变。

与咨询师工作时，阻抗的表现形式有以下几种：

● 对分析师的阻抗：有的病人会不断更换分析师。

● 对分析的阻抗：迟迟不愿进入分析，找各种理由不开始分析。

● 没有获益：不承认自己获得的帮助和改变；保持沉默，在咨询中不说话或做与咨询无关的事；没有联想或过多的联想；遗漏生活中的重要主题，避重就轻，这也叫琐碎化，即用一堆生活琐事填

[①]　霍尼.自我分析[M].贾静，译.南京：译林出版社，2016:229.

满咨询时间。

● 逃入健康：称自己的问题已经解决来避免进一步
  探索。

● 见诸行动：迟到、请假、缺席，甚至自杀等。

我们可以将这些与咨询师工作时表现出的阻抗分为
两大类：对咨询师的阻抗和对分析的阻抗属于公然的
抗争，防御性的情绪反应和压抑则涵盖了后面几种阻抗
表现。

对于以上这些表现，在心理咨询中，咨询师会与来
访者一起讨论背后的心理动力，给予解释，减少阻抗。
比如，在开始阶段，一位来访者总在咨询快结束时攻击
咨询师，说咨询没有效果，以这种方式来拖延时间。后
来她告诉咨询师，当她看到时间快结束时，内心就开始
紧张。咨询师解释这和分离有关，探索到她小时候与奶
奶的分离，以及奶奶去世对她的影响后，她就能按时结
束咨询了。

在自我分析时，因为抗力是在潜意识水平产生影响的，所以我们对它的作用毫无觉察，只是感觉到自己的焦虑、力不从心、沮丧等情绪，以及拖延、一事无成的行为结果。这就像一个黑箱，我们只知道在某些情境下自己的情绪和行为，却对里面的结构一无所知。有的人简单地把所有这些归为命运，用迷信的方式来解决。对自我的分析就是打开这个黑箱，看清楚里面的规律，对可以改变的部分进行调整。然后，事情就会变成我们想要的样子，或者我们就能接纳自己现在的样子了。

阻抗之所以产生，是因为我们努力隐藏的问题或事件被再次激活，哪怕只是靠近这些问题或事件，与之相关的负性情绪也会再次回到意识里。回到最初的事件，能够帮助我们分辨与事件捆绑的情绪，然后解除两者间的绑定，事件就不再会被歪曲了。我曾接触过一位来访者，她是一位母亲，当她看到老公跟女儿开玩笑时就会莫名其妙地发火，对老公暴跳如雷。她原来的理解是自己讨厌老公和孩子开这种玩笑，因为老公不是一个称职的爸爸，没有做到对女儿应尽的关怀和爱护，而是很自私地为了自己开心而让女儿难受。直到有一天，她想起小时候的事。她曾经是一名留守儿童，小的时候跟爷爷在村子里生活，邻居开玩笑地对她说："你爸爸妈妈不要你了！"这样的话让她恐惧又愤怒，心里担心父母真的抛弃她，又对邻居很生气。但是碍于对方是成年人，自己无力攻击回去，她只能压抑愤怒。当她回忆起这件事后，对同样的情境就不再产生过度的情绪反应了。其实她感到愤怒，是因为这些情境激活了她自己作为小孩子的无助，从而使她扭曲地看待事件。有一次在我们工作时，女儿打电话给她："爸爸进来放了好多书在我床上！"我听到女儿说话的语气是快乐的，这是父女俩的小情趣，并非如这个妈妈理解的那样。我将我感受到的告诉她，她也明白了在那时她被激活的愤怒是童年时对邻居的，并不是女儿对老公的感受。通过这些领悟，她能将自己的情绪平复下来了，在同样的情境下不再产生恐惧和愤怒，也不再出现攻击行为。

这个例子正说明了阻抗是怎样产生的。咨询中的阻抗，从病人的角度来看是一种防御手段。防御最开始被使用时是为了保护我们，外界刺激产生的影响太大，让人感到恐惧、愤怒、无助，这些负性情绪像一个巨浪打过来，让人急于从这些负性情绪里逃脱，于是慌不择路地抓住一根稻草。对这个刺激的经验就是这些负性情绪产生的原因，每当想起或再次遇到相似的情境，人就会迅速进入慌不择路的状态。

自我分析时的阻抗与和咨询师一起工作时的阻抗大致相同，但也有一些差别：公然的抗争较少，因为个体需要独自承担分析带来的痛苦而不能将其投射到咨询师那里，于是更多地出现防御性的压抑。他会把没有按时进行自我分析归因为现实因素，比如没有时间、太过疲劳、环境受限等，而不是自己的阻抗。可见，自我分析比起心理咨询需要更大的动力。

————

那么该怎样克服阻抗呢？

首先是觉察阻抗的存在。心理障碍越是严重，阻抗就越广泛、越强烈、越难以被自己觉察。所以严重的神经症不适合自我分析。神经症不严重的人，才具有自我观察的能力，当有人指出他的某种倾向时，他会进行思考而不是快速地逃离。

其次，避免"猜想"——沿着不正确的思路展开。这可以用一些求证来修正，分清哪些属于客观事实，哪些不过是自己习惯性的假定。

再者，是对阻抗进行自由联想，就是对自己的特定表现，比如情绪强度过高、刻板的行为方式等，进行自觉性的思考，捋清这些情绪和场景在什么时候出现过。正如上面的例子里，妈妈认为老公和女儿的互动会给女儿带来情感上的伤害，但通过分析她觉察到这只是自己的"猜想"，如果询问女儿的感受，就可以修正这种"猜想"。对情绪记忆的探索让妈妈想起自己小时候受到的伤害，因此类似的"玩笑"会让她感到受伤，由此她发现自己不过是将自己的经验推理到女儿身上，要给女儿她并不需要的保护，这只是自己的情绪防御过度而已。

最后，是对待阻抗的态度。无论有意还是无意，我们都容易产生烦闷情绪，把阻抗视为自我成长道路上的绊脚石。但如果我们转换思路，保持对自己内在的好奇，把阻抗看成自身人格的一部分，有兴趣去了解它是怎样形成的、有什么作用、现在又怎样影响到我们的生活，就会转变对它的态度。阻抗只是我们为自己还没有充分发育的心灵器官找到的临时庇护所。心灵器官需要慢慢养育，如果能给予耐心和关注，它就能发育良好，胜任生活中的各项任务。那时，临时庇护所也就完成了它的任务，淡出我们的视线了。这个过程就像养育一个婴儿，最初消化系统只能接受奶，而且既不能太热也不能太冷，不能太浓也不能太淡；然后过渡到辅食；最后慢慢能够适应成人的食物。我们对待自己尚未成长的部分，都应该如足够好的妈妈对待自己的宝宝一样，细心又耐心地照料，让它有足够的时间长成。

————

　　我们因为内心的痛苦或对成长的期待而寻求过许多方法，做过无数尝试，心理咨询只是其中一种。是否相信心理咨询这种方法能够带给自己想要的成长，从而一直坚持，是能否从中获益的重要因素。有的人认为这些神经症倾向是遗传的结果，不可改变，或许人就该受苦，何必再做无谓的挣扎，甚至许多人内在的破坏力不允许自己快乐和自由，所以在一开始就持消极的态度，对生活充满怀疑，不期待拥有理想。但人生是需要自己来负责的，我们完全可以改变能改变的部分，过上更有意义的生活。

　　有时，因为某些神经症症状，人们反而会有所获益，比如自谦型的人与自恋型的人在婚姻中的匹配。因为前者对许多事缺乏自己的主见，需要别人给自己拿主意，人际关系里喜欢顺从；后者只考虑自己的想法，更愿意处在支配的位置，两人正好匹配。但在这种已经稳定的关系里，一方的成长也可能会导致现有关系的破裂。其实双方之所以匹配，只是因为没有感受过更滋养的关系，所以不相信存在更好的关系而已。通过自我分析，人格得到完善后发生在工作、人际、情绪各方面的变化，只有体验过的人才知道。总之，自我分析是走向认识自己的一条途径，如霍妮所说，它可以让"让一个人不再被内部限制制约，让他可以随意发挥自己最大的潜能"①。

① 霍尼.自我分析[M].贾静，译.南京：译林出版社，2016:9.

自由联想

自由联想是心理咨询的基本技术，是指个体不加甄别地把脑海中浮现出来的想法——观点、感受、幻想——都直接表达出来，无论这些想法是否荒谬或者重要。

持续地进行自由联想，可以帮助我们逐渐地接近潜意识的内容。

阻抗

阻抗是指病人抵抗痛苦的治疗工作的内在力量，是所有人在分析里都必然会遇到的。阻抗的原因有对改变的恐惧、内在自我惩罚的冲动、坚持早年的冲动满足方式、见诸行动等。

第六章　霍妮的女性观

Chapter Six

每一个为实现自己作为女人的潜力而奋斗的女性，都会将自己暴露在各种暗示和嘲笑中。

——卡伦·霍妮

从1923年起，霍妮陆续发表文章阐述自己对于女性心理发展的观点。这些文章探讨了女性的性别身份认同、女性心理问题和生理问题的起源和发展，以及两性关系等主题，并在批判中提出了男女平等的观点。

阴茎嫉妒还是子宫嫉妒——男女的性别身份认同

　　霍妮从自身的性冷淡、强迫性的性关系和工作中的低效率出发，结合临床案例，在批判以弗洛伊德为首的男性精神分析学家的思想的基础上，提出了自己的女性心理发展观。她发现，包括精神分析在内的整个人类文明是男性文明①，他们将"男性的"与"客观的"等同起来，认为男性天生占有优势。其实在我国的文化中也有这种倾向，例如，汉字中许多带有女字旁的字含有贬义，如"奸""妒""嫌"等，人们会把有杰出成就的

---

　　① 霍妮.女性心理学：爱和性的研究[M].许科，王怀勇，译.上海：上海锦绣文章出版社，2009:15.

女性称为"先生"，仿佛女性不可能有这样的成就。在这样的男权文化下长大的女性，顺应了男性的愿望，潜意识里屈从了男性的思想。

在思考两性生殖器的差异时，弗洛伊德观察到男性的阴茎是外显的存在，小男孩在上厕所时能够看到自己的阴茎，这让他们比小女孩更确定自己的性别。于是弗洛伊德提出了女孩对男性的"阴茎嫉妒"，认为小女孩看到自己没有阴茎，就认为自己是有缺陷的。霍妮则认为，男孩在小便时能够看到自己的阴茎，这让他们在尿道情欲、窥阴癖和手淫欲望这些性前期的本能欲望上得到女孩没有的特权。女孩的自卑较男孩更多，是由于她们更多地受到限制，除解剖学上的因素外，文化也允许男孩在性生活上有更大的自由。但是两性在繁殖中所起的作用是不同的。男性性交的最终意义是满足男性回到子宫的欲望，而女性在生孩子时是可以否认男人的时刻，因为此时她们无须男人在场，一样可以完成对孩子的养育。

女性在自己的母亲身份和做母亲的能力中获得确

—

霍妮在1913年获得医学博士学位，并在接受了四年精神分析训练后，作为一名精神分析医生开始私人执业。她反对弗洛伊德等男性精神分析学家认为女性都有"阴茎嫉妒"的观点，并针对性地提出了"子宫嫉妒"。1926年，霍妮结束了与奥斯卡17年的婚姻，他们有三个女儿。1932年她移民美国，深感两地文化的差异对人的影响，1937年写下并出版了《我们时代的神经症人格》，受到世人好评。

认的优越感，男性则会强烈嫉妒女性的母性行为——怀
孕、生育、女性身份、乳房和哺乳，霍妮将之称为男性
的"子宫嫉妒"。男性不仅对女性能够生育孩子心生嫉
妒，同时也对女性的母性天性怀有强烈的嫉妒——女性
能够很好地照料孩子和他人，而男性自己都不相信他们
有这样的能力。随着孩子出生，女性自然获得母亲功
能，而父亲功能对许多男性来说是需要学习的，甚至有
一些男性终其一生都很难习得这种功能。父亲在孩子成
长中的作用包括分离、陪伴、保护，以及允许孩子挑战
自己。无论男孩还是女孩，首先都是依恋母亲，形成共
生关系，随着孩子逐渐长大才需要父亲介入，避免母子
关系过于黏着，给孩子继续成长留出空间。在临床中可
以看到许多这样的例子：母亲太过于关注孩子，不愿与
孩子分离，引起孩子的心理问题；父亲却完全不进入自
己的父亲角色。这就是我们现在经常说的"丧偶式育
儿"和"诈尸式育儿"。

　　男性对女性的嫉妒源于自身在生育中承担较少，于

是他们将能量用在其他方面，升华出创造力，用在其他社会活动中扮演重要角色来弥补其在生育过程中的次要作用。观察发现，一些男性（特别是父权社会的男性）会在潜意识里贬低母亲的身份。他们一边将母亲的身份及相关的责任都强加给女性，认为带孩子、做家务、照顾老人本就都是女人的事情，另一边又说这些都是很容易做到的，他们的工作更困难，对家庭的贡献也更大。霍妮认为，这是男性在防御自己在生育过程中处于的次要地位，他们有着强烈贬损女性的需要，坚信女性是卑微的。而女性对男性的嫉妒则转化成对丈夫和孩子的需要，也可能变为一种负疚感。因此，女性在感到被男性贬低时，却很难做到贬低男性。

两性在俄狄浦斯情结上也有着差异——男孩由于害怕被阉割，所以放弃将母亲作为性交对象，但他们的男性角色会得到进一步的确认和发展；女孩却不仅放弃将父亲作为性交对象，而且也会同时放弃自己的女性身份。这将在意识层面表现为性功能失调。

女性的性功能失调

　　女性性功能的压抑有多种症状表现。有的女性出现性冷淡，有的女性表现为月经功能紊乱，也有的则是对女性的母亲身份——她们拒绝怀孕，抱怨孕期身体的变化，或者出现哺乳困难等，还有女性会对家务过度抱怨。这些女性的共同特点是，她们都没有能力与恋爱对象维持爱情关系。因为在潜意识里，她们对自己的女性身份是拒绝的，即便她们在外表和性态度上颇具女性特质，但在潜意识里，她们会幻想自己是男性。霍妮在其文章《女性性功能失调的心理因素》中指出，女性不论患有何种类型的神经症，都会伴有性功能失调，而这些症状在潜意识的冲突被揭示后，便随之消失。[①]

对女性来说，成为男性有两大好处：一是避开了男权社会文化对女性的贬低，另一个是克服了乱伦幻想的内疚感。霍妮把第一种好处称为"女性的男子气情结"，即女性受到歧视的情感、对男性的嫉妒、渴望放弃女性角色成为男性的这种情感和幻想。[②]具体表现为对男性生而便是优等性别的嫉妒，认同男性的优越，所以她不相信女性也能取得真正的成就，忽略了自己作为女性的优势。在一些女性的梦和症状中有着成为男性的想象，比如曾有一位女性来访者梦见自己长出了阴茎，并插入自己女性朋友的身体。女孩在俄狄浦斯期看到父母性交时，会认为母亲是被强暴、被伤害和被虐待的，母亲的经血更加深了这种观点，让女孩认为女性地位是不稳定和危险的。一个女孩对父亲的爱越强烈，对父亲

---

① 霍妮.女性心理学：爱和性的研究[M].许科，王怀勇，译.上海：上海锦绣文章出版社，2009:112-123.

② 霍妮.女性心理学：爱和性的研究[M].许科，王怀勇，译.上海：上海锦绣文章出版社，2009:75.

的失望和对母亲的负罪感也就越多。为了感到安全，女孩幻想自己是男性，这种幻想加深了她对自己女性角色的拒绝。

月经前的紧张可见于健康女性和神经症女性。她们在经期和经期前几天会出现情绪波动，体会到与易怒、焦虑混合的倦怠感、受贬低感、自卑或者抑郁等消极情绪。健康女性在性爱得到充分满足时，月经失调就会消失，而在受挫或性生活不满足时再次出现。有月经失调的女性在遇到挫折时，愤怒情绪不能向外宣泄，而是转向了自身。对于月经过多和痛经的病人来说，性能量带来的紧张会唤起她的早年幻想，这些幻想与残酷的、流血的、疼痛的性行为有关；没有在青春期出现而在涉及成人问题时开始出现的痛经，与性行为的幻想有关。一位女孩的第一次痛经出现在高考前，除了高考带来的压力，这更多的是由于成人主题。因为高考后，她将去上大学，父母和老师的教育让她把高考作为恋爱的分水岭，之前禁止谈恋爱，之后却可以，对此她既兴奋又害怕。

　　从生理上来看，女性的子宫和乳房周期性的变化是在为怀孕做准备，而性能量的积聚也是为卵子受精做准备。随着女性生理周期的变化，她在心理上会逐渐增加性能量带来的紧张感。心理健康的女性懂得如何处理这种紧张，但对于心理发展受损的女性来说，这种紧张会触发原有的心理问题。

　　如果女性经历了压抑，就会产生坚决拒绝怀孕的想法；也可能正好相反，有强烈的想要孩子的愿望，而这种强烈的愿望引发了女性对性行为和照顾婴儿的焦虑情绪。经前的紧张是为怀孕做准备，月经一来，焦虑就缓解了，月经失调表现了女性在要孩子这个问题上的内心冲突。霍妮的一个病人T，在月经前常常梦到红色的性感的东西，这让T产生罪恶感，还觉得自己的身体沉重且丰满；月经一来，这些感觉就缓解了，仿佛是孩子出生了一样。T与父亲关系很好，他们外出时常常被误认为是夫妻。成年后，她嫁给了一个大自己12岁、与父亲相像的男人，两人没有性生活。开始时，她感觉很幸福，但十分抗拒生育孩子。这个案例里，T压抑了想要孩子的渴望，甚至连性生活也一起压抑了，因为没有性生活就可以完全而有效地拒绝想要孩子的愿望。但几年后，她又非常想有自己的孩子，这种强烈的想要孩子和想要阴茎的愿望，导致焦虑的产生。

性冷淡的女性对男性的态度是矛盾的。意识层面，她们对男性是关心、体贴的，但潜意识里却有不同程度的怀疑、敌意、恐惧。性冷淡是潜意识敌意的表达。一些宣称对丈夫很忠诚的妻子，却通过向他们提过高的经济要求、争夺关系中的控制权、不参与他们的爱好和人际圈子等方式来表达对他们的贬低和蔑视。与男性可以将爱与性分裂开不同，女性将性与情感结合得更紧密，所以当她们与男性有了矛盾，就会出现性冷淡。在揭示了对男性厌恶的起源并克服了内心冲突后，性冷淡就解决了。

两性性心理的发展

  与父母的关系会对孩子的各方面发展产生影响，特别是对他们将来的亲密关系。精神分析理论认为，性欲开始于出生时而非青春期，性欲意味着不同性别之间的相互吸引。弗洛伊德在心理性欲发展阶段论里，将个体的发展分为五个阶段：口欲期、肛欲期、性器期（俄狄浦斯期）、潜伏期和生殖期。

  在俄狄浦斯期，孩子开始对自己的性别进行探索，确定并认同自己的性别，并把异性父母当作自己的性交对象。小男孩会想和妈妈结婚，小女孩会想嫁给爸爸，这是一个正常的发展过程。如果没有受到阻碍，他们会顺利地发展到下一阶段，把这种对直接性行为的欲望转化成社会可以接纳的爱——寻找一个像父母一样的异性。其间男性感到被女性吸引，但这种渴望伴随着恐惧，为了摆脱这种恐惧，男性通常采取否认的方式，把错误归咎于女性。这其实是因为男性内心存在对女性既渴求又恐惧的无尽冲突，他们通过对女性的赞美和贬低来掩饰这种恐惧。这种恐惧在性变态和同性恋男性中也可以看到，他们不仅害怕被父亲阉割，也对阴道充满恐惧，这些恐惧在他们的梦境里不断重复出现："一辆汽车在飞驰，突然掉进一个坑内，并摔得粉碎；一只小船正在一条狭窄的海峡中航行，忽然被卷进一个漩涡中；有一间神秘的、放有带血迹的植物和动物的地下室；一个人正在爬一个烟囱，处在掉下和被杀死的险境之中"。①俄狄浦斯期的男孩将母亲想象成性交对象，此时的他内心充满了恐惧：害怕这种想法被父亲发现后，会被阉割；也害怕进入母亲的阴道后，里面有父亲的阴

①　霍妮.女性心理学：爱和性的研究[M].许科，王怀勇，译.上海：上海锦绣文章出版社，2009:90.

茎，自己被父亲发现后受到惩罚。为了掩饰自己的愿望，他表现出对阴道的厌恶，将欲望压抑下去。

青春期男孩的心理发展任务，不仅包括摆脱幼儿时与母亲的性幻想，还包括克服自己对所有女性的恐惧。男孩在早年被母亲照顾时，出现性欲活动时被母亲禁止，由此，男孩对母亲怀着愤怒，并想对她施虐。而男孩和女孩在生殖器上的差异导致他们有着不同的性幻想。

女孩感知到父亲的阴茎比自己的阴道大太多，于是引发了自己的生殖器会被破坏的焦虑；而男孩推断自己的阴茎比母亲的阴道小太多，于是害怕自己因这个缺陷而被拒绝或嘲笑，这是作为男人的自尊受到威胁而产生的焦虑。可见，在这个阶段的幻想中，男孩会受到比女孩更大的打击。这个打击是双重的，一个是性能量受挫，另一个是作为男性的尊严受挫，这些挫败感带来的愤怒和插入阴道的本能冲动混合起来，带着虐待的痕迹。男性对自己的阴茎大小或性能力感到焦虑，必须向女性证明自己的男子气概；而女性却无此焦虑，她即便是性冷淡也可以性交并怀孕，这也是令男性嫉妒女性的一个特征。男性需要证明自己的男子气概的极端表现为，他只对征服和占有许多女人感兴趣，这是一种对自恋的过分补偿，也是一种缓解焦虑的行为。除了对女性的占有，他还通过贬低女性来弥补自恋受损。于是，为了证明自己是优越的，男性倾向选择那些比自己弱的女性结婚。在中国，过去认为"女子无才便是德"和当今要求女性"白、幼、瘦"，都是男性自恋受损的心理在行为层面的表现。

女性在把对父亲的爱转移到孩子身上时，乱伦关系和与之相伴的敌意都一起转移了。通常，这两者在意识里都是被压抑的，爱与恨之间的冲突以过分焦虑来表现。女性容易对孩子的安全有夸张的恐惧，甚至到了疯狂的程度，以至于对孩子过度照顾，害怕孩子被带走；也可能表现为母亲因潜意识的乱伦恐惧而不敢触碰自己的儿子。这些都是女性对父亲固恋①的表现，这种固恋还可以表现为母女之间的嫉妒。当一位在俄狄浦斯期感受过强烈敌意的女性成为母亲后，她会在女儿婴幼儿期就表现出敌对情感，对女儿进行恐吓、讥笑和贬低，阻碍女儿的发展，挫败女儿的性吸引力。

从女儿的角度来看，被母亲恐吓、被父亲兄弟拒绝，或者早年有过可怕的性经历，都会让她在情感上想逃离自己的女性角色，幻想自己可以成为男性。她会对其他男性怀有敌意，成为性冷淡；她的男子气会表现为对孩子的控制，也可能因为压抑而走向另一个极端——不允许任何性的表达。这些女性和她们养大的女儿都会在与男性维持正常关系时出现困难。心理咨询和自我分析对来访者的母亲角色冲突进行分析以帮助孩子，让问题不再传递到孩子身上。

---

① 弗洛伊德认为，个体在心理发展各个阶段中若不能得到适当的发展，那么他们以后的行为模式往往与这个阶段相联系，或者固定在这个阶段。

两性关系

两性关系和亲子关系相似，可统称为亲密关系。在亲密关系里，我们更倾向关注积极方面，把爱当成关系的主旋律，将恨意看作小插曲，所以人们通常在两性关系中过多地关注性爱。但临床观察发现，内心的冲突极易对亲密关系产生破坏。在关系里，我们都害怕因另一个人而失去自我，于是在自己不敢全身心地付出的同时，又抱怨对方给予得不够，因而产生绝望情绪。我们都会忽视自己在关系中表现出来的敌意、憎恨和攻击行为，而习惯将它们投射给对方，这个心理过程就会引发对伴侣的不信任。

陷入爱情的我们，会在潜意识里将这种关系和对方无限理想化，想象对方能满足我们的所有期待和渴望，哪怕这些期待和渴望本身就毫无事实根据，或者本身就自相矛盾，是不可能实现的，我们也想生活在童话里。当然，就像肥皂泡必然会破灭一样，等待我们的结果自然是失望。这种理想中的高期待和现实中的低满足的矛盾，只是早年经历的再现，幼儿期孩子不能清楚地明白和表达自己的渴望，即便表达了也可能被忽视或被拒绝。孩子的失望可能是在与兄弟姐妹的竞争中失败，可他的愤怒又不允许被充分表达。很少有父母能够在听到孩子说"我恨你！""我要杀了你！"后，能把它理解为孩子在表达愤怒——这种愤怒源于孩子对父母的爱的渴望没有得到满足，类似于在说"我爱你！""没有你的爱我不能活！"。父母听到这些话后感到受伤，会惩罚孩子，或者表现出受伤让孩子产生内疚。孩子因此不敢表达愤怒，而是将之压抑下去，这成为幼儿焦虑的来源。在恋爱中，这些情绪被再度唤起。例如，一个小女孩在被父亲拒绝后感到十分受伤，于是把对男人的渴望转变成报复男人的渴望。长大后，她对男人的态度体现为伤害和剥削他们，如果她意识到自己这种报复的渴望，那么会将此压抑并投射到男人身上。她会想象男人接近她的目的只是从她身上得到性满足，然后再将她抛弃。

再来看男孩和母亲的经历对他成年亲密关系的影响。男性觉得女性是有诱惑力的，这种诱惑让男性陷入悲剧。他们对女性的情绪充满了憎恨和焦虑，其深层则是对女性的恐惧，特别是对有生殖能力和性诱惑的女性的恐惧。当感到女性的性吸引力让自己失去控制时，男性会将之解释为"女性的妖术"，从希腊神话中的美人鱼到中国民间故事中的狐狸精，都表达了自古以来男性对此既渴望又恐惧的内心冲突。男性对女性母亲身份的态度是赞同，认可女性作为母亲的无私和自我牺牲；但男性对于因女性而产生的性欲却是恐惧和憎恨的，认为女性有着影响男性生殖器的神奇力量，害怕被阴道吞噬。男性对母亲的恐惧和依赖，让男性把女性分裂成了

圣母（女性的母亲角色）和妓女（性角色）两种形象，
这也导致男人需要把爱和性分裂在两类完全不同的女人
身上实现。在性方面，男性更多地依赖女性。性结合带
来的美妙感受让人们忽略了两性之恨，因为人们不想看
到它对幸福的破坏力。当人们可以看到这些现象下的真
实动机时，就可以调和这些冲突。

　　霍妮认为，好的婚姻中，彼此都不会压制对方的潜
能发展，双方的关系是融洽的。婚姻中常见的问题——
与一个人相处久了就会索然无味，不是时间久了之后产
生的疲倦，而是亲密关系中本来就有的失望、不信任、
敌意和憎恨在激情退去后的显现。人类的惰性让人们懒
于经营婚姻，又期待对方实现自己的各种幻想。

　　希望婚后关系良好，我们首先要选择正确的配偶。
那些满足自己一时愿望的对象并非适合的结婚对象，如
果冲动下两者结合，之后往往会面临日积月累的愤怒，
双方会变得越来越挑剔、暴躁或冷漠。比如，某些男性
容易被性行为中的激情控制，出现"恋爱脑"。其次，

要对自相矛盾的期望有所觉察。我们自身的冲突在性领域容易强烈地表现出来，我们会对性爱有不断变化的期待。比如，一男子在与自己匹配的、有才能又有活力的母亲般的女性结婚后，又被一个轻佻、苛刻的女性吸引，因为两个女性代表了他自己愿望的两个方面。一方面，他期望继续得到母亲般的照料，渴望对方满足自己对女性的母亲功能的需求；但另一方面，他的前一个需求得到满足后，他对女性的性渴望又占了上风。这两种功能本就是矛盾的，所以也不可能在一个心理正常的女人身上同时出现。认识到了这一点，人们才可能做出取舍，而不是贪婪地想同时得到满足。

在出现问题后，我们倾向将婚姻中的不幸归因于对方，想通过更换一个伴侣来解决问题。实际上，婚姻中出现的所有困难都是我们自身的原因所致，现在的亲密关系中出现的问题，是我们早年与养育者关系的再现。男性在小男孩时的自卑让他害怕不能满足性伴侣的性欲，于是受挫时他会破坏她的自信，羞辱她的性欲。当他在与妻子的关系中感到不适时，他就可能在工作中、在男人或其他女人的陪伴中寻找解脱，即他躲到了工作或其他的人际关系里。这样的男性在我们身边随处可见，他们让自己忙于工作、加班、开会、出差、与哥们儿聚会，甚至发展婚外情，这些其实只是对婚姻问题的逃避。女性在婚姻中对伴侣的不满则表现为性冷淡，这是对男人的拒绝。

孩子对婚姻会有怎样的影响？如果男性是强烈恋母的，在妻子成为母亲后，他便当她是母亲而不再与她发生性关系。表面上，他会说是妻子因生育而失去了性吸引力。对女性而言，如果她扭曲地将女性特质都放在孩子身上，那么丈夫对她来说也是孩子，在她有了自己的孩子后，丈夫就变得多余了。在这些情况下，孩子可能是夫妻相互疏远或厌恶的根源。

霍妮认为，婚后是否幸福取决于双方感情的稳定程度，也就是各自人格的完善程度。"婚姻关系和其他关系一样，最理想的目标是在过去与现在、驱力的限制与自己之间找到一个最佳的结合。"人们应该意识到，婚姻无法满足我们所有的愿望，我们应该放弃对关系及对方的不合理期待，寻找其他方式来满足自己的内驱力，而不仅限于性关系。所有人都会对爱有向往，但是心理健康的人会有所选择，希望得到自己尊重和依赖的人的爱；而神经症的人对爱的要求却是强迫性和无选择性的，会对别人的拒绝产生巨大的恐惧。他们要求别人无条件地爱他们，在关系中只想剥削和索取，为了得到爱和尊重，愿意做出牺牲和非理性行为。然而，因为他们对爱永不知足、过于贪婪，加上他们时刻活在自己的焦虑中，没有共情能力，实际上他们无力去爱。

超越女性身份

霍妮在1935年7月的演讲《女性对行动的恐惧》中提出一个问题——当今人们为何对女人的"天性"如此热衷？她指出，这是由于男人在高度的社会竞争中想把女人排除出去；他们认为女性的生活应限于情感领域，女性的天性是性和生育，不适合参与经济和政治领域的工作。为此，他们歌颂女性的奉献和牺牲，这让他们成为最大的受益者。

女性被这些谎言蒙骗，更多地关注爱情、婚姻和家庭，而不是职业追求。她们变得需要仰仗和依赖男性，感觉自己需要被照顾，从而自觉放弃了社会竞争，而把自己的成就放在丈夫和孩子身上，将其变成了间接成就。这样做既无法实现自身价值，又因为过度期待而影响了关系。把女性的幸福和她与家庭成员的关系过多地捆绑在一起，扼杀了女性幸福的多样性；把她的性吸引力作为评价她的唯一标准，限制了许多女性通过自己的才华来得到社会认可的可能性，也是对女性职业能力的贬低。性吸引力是由男性来评判的，男性通过把自己放在裁判的位置上来获得优越感，也借此让女性把注意力放在自己的外貌上，忽略了对自身能力的培养。女性也因此比男性产生更多的容貌焦虑和年龄焦虑，因为这些都代表着女性在生殖上的劣势。实际上，成熟女性在人格上更安全、更具优势。一个成熟的女性完成了经济、思想和生活上的独立，她不需要用男性的成就来显现自身的价值，无须过高地在经济上要求对方，因此获得了选择上更多的自由。正如舒婷在《致橡树》里描述的那样，她与男性并肩前行。

————

不以男性视角看待自己，突破情感领域的限制，女

—

在1935年7月的美国全国职业和商业女性俱乐部联合会上，霍妮发表了《女性对行动的恐惧》的演讲，揭示了男性歌颂女性奉献和牺牲的目的——想把女性的生活限制于情感领域，从而在高度的社会竞争中把女人排除出去。

霍妮呼吁女性自己选择幸福的多样性，而不是认同男性的观点。她提出，男尊女卑并非源于两性的生理差异，而是文化和社会所致，两性的行为标准是人为定下的，也是可以改变的。每个人都应该充分发展自己的潜能。

这些观点让她成为早年精神分析运动中仅有的女权主义思想家。

性才可能走出自卑，因为自信需要建立在多种素质的基础上。女性也可以获得主动性、独立自主和掌控力等人类的优良素质，充分实现才能，因为这些素质并无性别差异，也不是男性的专属物。

女性取得的成就带来的心理资本与女性的总体自信相等。这种自信不能建立在女性得到了男性的爱的基础上，对爱情的过度看重让女性忽视了更多的人生发展任务，爱情、家庭、孩子加起来也不是女性生活的全部。男尊女卑并非源于两性的生理差异，而是文化和社会所致，两性的行为标准是人为定下的，自然可以进行改变。我们首先是一个人，然后才是男人或女人，所有人都应该充分发展自己的潜能，这是每个人对自己的责任。

图书在版编目（CIP）数据

我们内心的崩裂：霍妮谈这个时代的基本焦虑与自
我挣扎 / 张蔚著. -- 北京：北京联合出版公司，
2024.7

ISBN 978-7-5596-7641-2

Ⅰ.①我… Ⅱ.①张… Ⅲ.①社会心理学 Ⅳ.
①C912.6-0

中国国家版本馆CIP数据核字(2024)第100143号

我们内心的崩裂：霍妮谈这个时代的基本焦虑与自我挣扎

作　　者：张　蔚
出 品 人：赵红仕
责任编辑：管　文
封面设计：王梦珂

北京联合出版公司出版
（北京市西城区德外大街83号楼9层 100088）
北京联合天畅文化传播公司发行
北京美图印务有限公司印刷　新华书店经销
字数100千字　880毫米×1230毫米　1/32　7.5印张
2024年7月第1版　2024年7月第1次印刷
ISBN 978-7-5596-7641-2
定价：54.00元

版权所有，侵权必究
未经书面许可，不得以任何方式转载、复制、翻印本书部分或全部内容
本书若有质量问题，请与本公司图书销售中心联系调换。电话：（010）64258472-800